1か月で復習する
台湾華語
基本の500単語

潘凱翔

3Q台湾華語学院 学院長

音声無料
ダウンロード

語研

JN041034

音声について（音声無料ダウンロード）

◆ 本書の音声は無料でダウンロードすることができます。下記の URL または QR コードからアクセスしてご利用ください。

https://www.goken-net.co.jp/catalog/card.html?isbn=978-4-87615-395-4

◆ 音声は，見出し語 → 例文の順番で 1 回ずつナチュラルスピードよりもやや ゆっくりめで収録されています。

◆ 見出し語と例文にはルビをふりましたが，日本語にはない音もあるため，音 声を繰り返し聞いていただくのがより効果的です。

◆ 例文の上の下線 ∽∽∽∽ は，音声の区切りを示しています。音声を聞きなが ら発話の練習をする際にご活用ください。

⚠ **注意事項** ⚠

● ダウンロードで提供する音声は，複数のファイル・フォルダを ZIP 形式で 1 ファイル にまとめています。ダウンロード後に復元してご利用ください。ダウンロード後に， ZIP 形式に対応した復元アプリを必要とする場合があります。

● 音声ファイルは MP3 形式です。モバイル端末，パソコンともに，MP3 ファイルを再 生可能なアプリを利用して聞くことができます。

● インターネット環境によってダウンロードできない場合や，ご使用の機器によって再 生できない場合があります。

● 本書の音声ファイルは，一般家庭での私的使用の範囲内で使用する目的で頒布するも のです。それ以外の目的で本書の音声ファイルの複製・改変・放送・送信などを行い たい場合には，著作権法の定めにより，著作権者等に申し出て事前に許諾を受ける必 要があります。

はじめに

ニーハオ！　本書をお手にとっていただきありがとうございます。

本書はこれから台湾華語をゼロから学ぶ方や，すでに学習を始めていらっしゃる方向けの日常的によく使う台湾華語の単語集です。タイトルには基本の 500 単語とありますが，簡単な文法説明を記載しているので，初めて学習される方にもご活用いただけます。

英語を学習されたことのある方であれば，英検や TOEIC でご自身のレベルを確認することができるように，台湾華語には TOCFL（華語文能力測験）があります。TOCFL は台湾の公式中国語検定で，中国語を母国語としない人向けの台湾華語能力試験です。本検定試験の合格者には，認定書が発行され，レベルを把握できるだけでなく，就職活動をする際の，中国語能力の証明としてや，外国人留学生を募集している台湾の大学において中国語能力の参考基準とされます。

日常会話や旅行会話に関する出版物は多く出版されていますが，TOCFL のレベルに応じた単語集は多くなかったため，本書では日常的によく使われ，TOCFL の入門級（A1 レベル）出題にも使用される単語を，入門・初級者が学習・復習できるように構成しました。また，台湾華語を学習される皆さまが語彙レベルの確認をされる際にもご活用いただけます。文法は仕組みを理解しながら覚えていく必要がありますが，単語はどうしても暗記して時間をかけて単語数を増やしていく地道な努力が必要です。

スケジュールに沿って，無料ダウンロード音声を用いながら単語と例文を実際に声に出し繰り返し学習することにより 1 か月間で学習を終えられます。半年以内に再度本を開き復習していただくことで，より学習効果が期待できるでしょう。効率的に台湾華語の必須単語 500 語を習得するために本書をお役に立てていただければ幸いです。

最後に，日頃からレッスンでさまざまなご意見をくださる生徒の皆さまに心より感謝申し上げます。

著者

目次

【吹き込み】潘凱翔
【装丁】クリエイティブ・コンセプト

本書の構成

- 暗記には付属の赤シートをご活用ください。
- 例文語注の 番号 は見出し語の左の見出し語番号にあたります。
- 例文語注の 番号 は見出し語注の関連表現です。

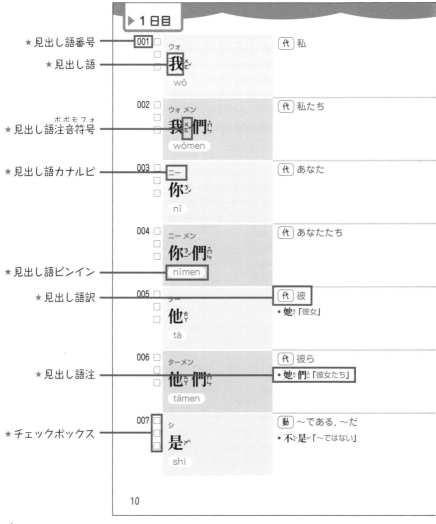

▶1日目

★見出し語番号	001	ウォ **我**シネ wǒ	代 私
★見出し語注音符号 （ボポモフォ）	002	ウォメン **我們**シネラ wǒmen	代 私たち
★見出し語カナルビ	003	ニー **你**シ nǐ	代 あなた
★見出し語ピンイン	004	ニーメン **你們**シラ nǐmen	代 あなたたち
★見出し語訳	005	ター **他**ㄊ tā	代 彼 ・**她**「彼女」
★見出し語注	006	ターメン **他們**ㄊラ tāmen	代 彼ら ・**她們**「彼女たち」
★チェックボックス	007	シ **是**ㄕ shì	動 ～である，～だ ・**不是**「～ではない」

★見出し語番号 — 001

★見出し語

★見出し語注音符号

★見出し語カナルビ

★見出し語ピンイン

★見出し語訳

★見出し語注

★チェックボックス

10

6

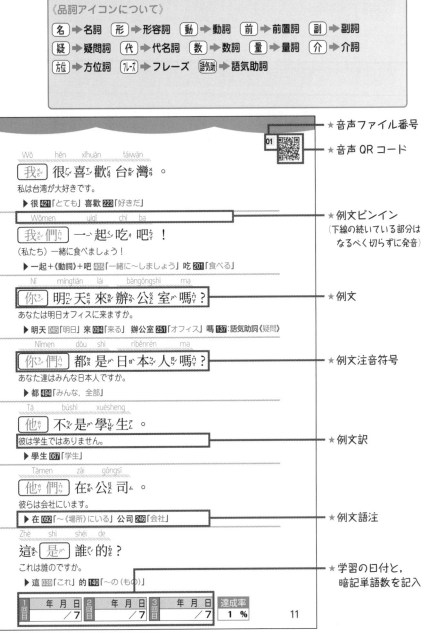

〈品詞アイコンについて〉

名 ➡ 名詞　形 ➡ 形容詞　動 ➡ 動詞　前 ➡ 前置詞　副 ➡ 副詞
疑 ➡ 疑問詞　代 ➡ 代名詞　数 ➡ 数詞　量 ➡ 量詞　介 ➡ 介詞
方位 ➡ 方位詞　フレーズ ➡ フレーズ　語気助 ➡ 語気助詞

★ 音声ファイル番号

01

★ 音声 QR コード

Wǒ　hěn　xǐhuān　táiwān

我 很 喜 歡 台 灣 。

私は台湾が大好きです。

▶ 很 421「とても」喜歡 223「好きだ」

Wǒmen　　yiqǐ　　chī　ba

我 們 一 起 吃 吧 ！

（私たち）一緒に食べましょう！

▶ 一起+《動詞》+吧 405「一緒に〜しましょう」吃 201「食べる」

★ 例文ピンイン
（下線の続いている部分は
なるべく切らずに発音）

Nǐ　míngtiān　lái　bàngōngshì　ma

你 明 天 來 辦 公 室 嗎 ？

あなたは明日オフィスに来ますか。

▶ 明天 045「明日」來 094「来る」辦公室 251「オフィス」嗎 137:語気助詞《疑問》

★ 例文

Nǐmen　dōu　shì　rìběnrén　ma

你 們 都 是 日 本 人 嗎 ？

あなた達はみんな日本人ですか。

▶ 都 494「みんな，全部」

★ 例文注音符号

Tā　búshì　xuéshēng

他 不 是 學 生 。

彼は学生ではありません。

★ 例文訳

▶ 學生 067「学生」

Tāmen　zài　gōngsī

他 們 在 公 司 。

彼らは会社にいます。

▶ 在 092「〜《場所》にいる」公司 246「会社」

★ 例文語注

Zhè　shì　shéi　de

這 是 誰 的 ？

これは誰のですか。

▶ 這 039「これ」的 140「〜の（もの）」

★ 学習の日付と，
暗記単語数を記入

| 1回目 | 年 月 日 ／7 | 2回目 | 年 月 日 ／7 | 3回目 | 年 月 日 ／7 | 達成率 1 % |

11

7

学習計画表

●約1か月弱で終えるためのスケジュールモデル《月曜開始の場合》

	月	火	水	木	金	土	日
日付⇨	╱	╱	╱	╱	╱	╱	お休み or 復習
	p.10～14 001-021	p.16～20 022-042	p.22～26 043-063	p.28～32 064-084	p.36～40 085-105	p.42～46 106-126	
チェック⇨	済	済	済	済	済	済	
	月	火	水	木	金	土	日
	╱	╱	╱	╱	╱	╱	お休み or 復習
	p.48～52 127-147	p.54～58 148-168	p.62～66 169-189	p.68～72 190-210	p.74～78 211-231	p.80～84 232-252	
	済	済	済	済	済	済	
	月	火	水	木	金	土	日
	╱	╱	╱	╱	╱	╱	お休み or 復習
	p.88～92 253-273	p.94～98 274-294	p.100～104 295-315	p.106～110 316 336	p.114～118 337-357	p.120～124 358-378	
	済	済	済	済	済	済	
	月	火	水	木	金	土	日
	╱	╱	╱	╱	╱	╱	総復習
	p.126～130 379-399	p.132～136 400-420	p.140～144 421-441	p.146～150 442-462	p.152～156 463-483	p.158～162 484-504	
	済	済	済	済	済	済	

＊開始日を記入し，終わったら済マークをなぞってチェックしてください。

●計画表フリースペース（自分なりのスケジュールを立てたい方用）

／	／	／	／	／	／	／
-	-	-	-	-	-	-
済	済	済	済	済	済	済
／	／	／	／	／	／	／
-	-	-	-	-	-	-
済	済	済	済	済	済	済
／	／	／	／	／	／	／
-	-	-	-	-	-	-
済	済	済	済	済	済	済
／	／	／	／	／	／	／
-	-	-	-	-	-	-
済	済	済	済	済	済	済

＊上から曜日，日付，習得した見出し語の開始と終わりの番号，済マークの
チェック欄になります。自由にカスタマイズしてお使いください。

001 □□□
ウォ
我メˇ
wǒ

代 私

---

002 □□□
ウォメン
我メˇ**們**ㄇㄣ˙
wǒmen

代 私たち

---

003 □□□
ニー
你ㄋㄧˇ
nǐ

代 あなた

---

004 □□□
ニーメン
你ㄋㄧˇ**們**ㄇㄣ˙
nǐmen

代 あなたたち

---

005 □□□
ター
他ㄊㄚ
tā

代 彼
▪ **她**ㄊㄚ「彼女」

---

006 □□□
ターメン
他ㄊㄚ**們**ㄇㄣ˙
tāmen

代 彼ら
▪ **她**ㄊㄚ**們**ㄇㄣ˙「彼女たち」

---

007 □□□
シ
是ㄕˋ
shì

動 ～である，～だ
▪ **不**ㄅㄨˋ**是**ㄕˋ「～ではない」

Wǒ hěn xǐhuān táiwān

我 很 喜歡 台灣 。

私は台湾が大好きです。

▶ 很 421「とても」 喜歡 223「好きだ」

Wǒmen yìqǐ chī ba

我們 一起 吃 吧 ！

(私たち) 一緒に食べましょう！

▶ 一起+《動詞》+吧 405「一緒に～しましょう」 吃 201「食べる」

Nǐ míngtiān lái bàngōngshì ma

你 明天 來 辦公室 嗎 ？

あなたは明日オフィスに来ますか。

▶ 明天 045「明日」 來 094「来る」 辦公室 251「オフィス」 嗎 137：語気助詞《疑問》

Nǐmen dōu shì rìběnrén ma

你們 都 是 日本人 嗎 ？

あなた達はみんな日本人ですか。

▶ 都 494「みんな，全部」

Tā búshì xuéshēng

他 不 是 學生 。

彼は学生ではありません。

▶ 學生 067「学生」

Tāmen zài gōngsī

他們 在 公司 。

彼らは会社にいます。

▶ 在 092「～《場所》にいる」 公司 246「会社」

Zhè shì shéi de

這 是 誰 的 ？

これは誰のですか。

▶ 這 039「これ」 的 140「～の (もの)」

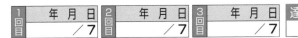

008 □□□ ニン
您 ㄋㄧㄣ
nín

代 あなた様
- 你ㄋㄧˇの敬称。

009 □□□ シェンション
先ㄒㄧㄢ 生ㄕㄥ
xiānshēng

名 ～さん；主人《自分の夫と人の夫に対する称》
- 小ㄒㄧㄠˇ姐ㄐㄧㄝˇ「～さん《未婚の女性》」

010 □□□ シアオハイ
小ㄒㄧㄠˇ 孩ㄏㄞˊ
xiǎohái

名 子ども
- 男ㄋㄢˊ孩ㄏㄞˊ「男の子」
- 女ㄋㄩˇ孩ㄏㄞˊ「女の子」

011 □□□ ダーレン
大ㄉㄚˋ人ㄖㄣˊ
dàrén

名 大人

012 □□□ ポンヨウ
朋ㄆㄥˊ 友ㄧㄡˇ
péngyǒu

名 友達
- 男ㄋㄢˊ朋ㄆㄥˊ友ㄧㄡˇ「彼氏」
- 女ㄋㄩˇ朋ㄆㄥˊ友ㄧㄡˇ「彼女《恋人》」

013 □□□ ナンダ
男ㄋㄢˊ的ㄉㄜ
nánde

名 男性（用）
- 女ㄋㄩˇ的ㄉㄜ「女性（用）」

014 □□□ ダージャア
大ㄉㄚˋ家ㄐㄧㄚ
dàjiā

代 皆さん，みんな

Nín shì năwèi

您 是 哪 位?

（あなた様は）どちら様ですか。

▶ 哪位「どちら様」

Zhāng xiānshēng shì wǒ de tóngshì

張 先生 是 我 的 同事。

張さんは私の同僚です。

▶ 同事 247「同僚」

Xiǎohái bù kěyǐ yí ge rén chūmén

小孩 不可以 一個人出門。

子どもはひとりで外出してはいけません。

▶ 不可以 393「～できない」 出門 098「出掛ける」

Shí wǔ suì hái bú shì dàrén

十五歲 還不是 大人。

15歳はまだ大人ではありません。

▶ 還 480「まだ」 不是 007「～ではない」

Wǒ de péngyǒu dōu xǐhuān lǚxíng

我的 朋友 都喜歡旅行。

私の友達はみんな旅行が好きです。

▶ 都 494「みんな」 喜歡 223「好きだ」

Nà ge nánde shì nǐ de péngyǒu ma

那個 男的 是你的 朋友 嗎?

あの男性はあなたの友達ですか。

▶ 那個 040「あの」 你 003「あなた」 嗎 137：語気助詞《疑問》

Dàjiā qǐng zuò

大家 請坐。

皆さん，お座りください。

▶ 請 382「どうぞ」 坐 153「座る」

1回目	年 月 日 ／7	2回目	年 月 日 ／7	3回目	年 月 日 ／7	達成率 2 %

13

015
バパ
爸爸
bàba

名 お父さん, パパ
- 父親「父《他人に紹介する時》」

016
ママ
媽媽
māma

名 お母さん, ママ
- 母親「母《他人に紹介する時》」

017
ガガ
哥哥
gēge

名 兄, お兄さん《呼びかけ》

018
チェチェ
姊姊
jiějie

名 姉, お姉さん《呼びかけ》

019
ディディ
弟弟
dìdi

名 弟《呼びかけにも用いる》

020
メイメイ
妹妹
mèimei

名 妹《呼びかけにも用いる》

021
ズジ
自己
zìjǐ

代 自分

Wǒ　bàba　shì　yīshēng
我ㄨㄛˇ 爸ㄅ丫 爸ㄅ丫 是ㄕ 醫一 生ㄕㄥ 。

私の父は医者です。

▶ 醫生 323 「医者」

Wǒ　māma　búhuì　zuò　jiāshì
我ㄨㄛˇ 媽ㄇ丫 媽ㄇ丫 不ㄅㄨ 會ㄏㄨㄟ 做ㄗㄨㄛ 家ㄐㄧ丫 事ㄕ 。

私の母は家事ができません。

▶ 不會 395 「〜できない」 做家事 302 「家事をする」

Nǐ　gēge　zài　nǎlǐ　gōngzuò
你ㄋㄧˇ 哥ㄍㄜ 哥ㄍㄜ 在ㄗㄞ 哪ㄋㄚˇ 裡ㄌㄧˇ 工ㄍㄨㄥ 作ㄗㄨㄛ ?

あなたのお兄さんはどこで働いていますか。

▶ 哪裡 038 「どこ」 工作 240 「働く」

Nǐ　jiějie　hěn　piàoliàng
你ㄋㄧˇ 姊ㄐㄧㄝˇ 姊ㄐㄧㄝˇ 很ㄏㄣˇ 漂ㄆㄧㄠ 亮ㄌㄧㄤ 。

あなたのお姉さんはとてもきれいです。

▶ 很 421 「とても」 漂亮 457 「きれいだ」

Wǒ　dìdi　bù　xǐhuān　chī　qīngcài
我ㄨㄛˇ 弟ㄉㄧ 弟ㄉㄧ 不ㄅㄨ 喜ㄒㄧ 歡ㄏㄨㄢ 吃ㄔ 青ㄑㄧㄥ 菜ㄘㄞ 。

私の弟は野菜（を食べるの）が好きではありません。

▶ 喜歡 +《動詞》 223 「〜するのが好きだ」 青菜 208 「野菜」

Míngtiān　shì　mèimei　de　shēngrì
明ㄇㄧㄥ 天ㄊㄧㄢ 是ㄕ 妹ㄇㄟ 妹ㄇㄟ 的ㄉㄜ 生ㄕㄥ 日ㄖ 。

明日は妹の誕生日です。

▶ 明天 045 「明日」 生日 310 「誕生日」

Wǒ　měitiān　zìjǐ　zuò　fàn
我ㄨㄛˇ 每ㄇㄟˇ 天ㄊㄧㄢ 自ㄗ 己ㄐㄧˇ 做ㄗㄨㄛ 飯ㄈㄢ 。

私は毎日自炊しています。

▶ 每天 046 「毎日」 做飯 302 「ご飯を作る」

| 1回目 | 年 月 日 ／7 | 2回目 | 年 月 日 ／7 | 3回目 | 年 月 日 ／7 | 達成率 4 % |

15

022
イエイエ
爷爷
yéye

名 祖父《父方》
- 外公「祖父《母方》」

023
ナイナイ
奶奶
nǎinai

名 祖母《父方》
- 外婆「祖母《母方》」

024
シュウシュウ
叔叔
shúshu

名 父の弟, おじさん《父より年下の男性に対する呼び方》

025
アイ
阿姨
āyí

名 母の妹, おばさん《母と同年輩の婦人に対する呼び方》

026
チンチー
親戚
qīnqī

名 親戚

027
ジャアレン
家人
jiārén

名 家族

028
ジャア
家
jiā

名 家, 家庭
- 回家「帰宅する」
- 全家「家族全員」

Yéye yǐjīng jiǔ shí suì le
爺爺 已經 九 十 歲 了。

祖父はもう90歳です。

▶ 已經 495「すでに」 了 134：語気助詞《状態の変化》

Nǐ nǎinai kàn qǐlái hǎo niánqīng
你 奶奶 看 起 來 好 年 輕。

あなたのおばあちゃんはとても若く見えます。

▶ 看起來 500「見たところ」 好 476「とても~だ」 年輕 443「若い」

Shúshu bǐ bàba xiǎo liǎng suì
叔叔 比 爸 爸 小 兩 歲。

おじさんは父より2歳年下です。

▶ A 比 B+《形容詞》478「A は B より~だ」 小 +《数字》+ 歲 235「~歲下だ」

Āyí zhù zài wǒ jiā fùjìn
阿姨 住 在 我 家 附 近。

おばさんはうちの近所に住んでいます。

▶ 住在 +《場所》267「~に住む」 附近 101「付近」

Wǒ yǒu hěn duō qīnqi
我 有 很 多 親 戚。

私にはたくさんの親戚がいます。

▶ 有 127「~がいる」 很多「たくさん」

Wǒ jiārén dōu huì kāichē
我 家 人 都 會 開 車。

私の家族はみんな（車の）運転ができます。

▶ 會 395「~できる」 開車 178「（車の）運転する」

Tā jiā yòu dà yòu piàoliàng
他 家 又 大 又 漂 亮。

彼の家は広くてきれいです。

▶ 又~又…482「~でもあり…でもある」 漂亮 457「きれいだ」

1回目	年 月 日 /7	2回目	年 月 日 /7	3回目	年 月 日 /7	達成率 5 %

029
シェイ

誰_ｲ

shéi

代 だれ

030
シェンモ

什_{ｱｰ}麼_さ

shénme

代 何；どんな

031
シェンモシホウ

什_{ｱｰ}麼_さ時_{ｱｰ}候_ｽ

shénmeshíhòu

代 いつ

032
ウェイシェンモ

為_ｲ什_{ｱｰ}麼_さ

wèishénme

代 なぜ

033
インウェイ

因_ン為_ｲ

yīnwèi

代 ～なので

034
スオイ

所_ｵ以_ｰ

suǒyǐ

代 だから

035
ゼンモ

怎_ｱ麼_さ

zěnme

代 どうやって；どうして

05

Tā shì shéi
他 是 誰?
彼は誰ですか。

▶ 是 007「～だ」

Nǐ zài zuò shénme
你 在 做 什麼?
あなたは何をしていますか。

▶ 在 092 +《動詞》「～している」 做 302「する」

Shénme shíhòu qù lǚxíng
什麼 時候 去 旅行?
いつ旅行に行きますか。

▶ 去 +《動詞》093「～(し)に行く」

Wèishénme bù xǐhuān ne
為什麼 不 喜歡 呢?
なぜ好きではないのですか。

▶ 喜歡 223「好きだ」 呢 139：語気助詞《疑問》

Yīnwèi táifēng lái fēijī dōu tíng fēi le
因為 颱風 來, 飛機 都 停飛 了。
台風が来たので，飛行機は全部欠航となりました。

▶ 來 094「来る」 飛機 338「飛行機」 停飛 338「欠航」 了 134：語気助詞《状況の発生》

Wǒ bù shūfú suǒyǐ méi qù gōngsī
我 不 舒服, 所以 沒 去 公司。
私は調子が悪いので，会社に行きませんでした。

▶ 不舒服 333「調子が悪い」 公司 246「会社」

Zhè ge zì zěnme niàn
這 個 字 怎麼 念?
この字は何と読みますか。

▶ 這個 039「この」 念 088「読む」

1回目	年 月 日 /7	2回目	年 月 日 /7	3回目	年 月 日 /7	達成率 7 %

036 □
□
□
ゼンモヤン

怎ㇷ゙麼ㇺ樣ㇷ゙

zěnmeyàng

代 どう

---

037 □
□
□
ジョアモ

這ㇷ゙麼ㇺ

zhème

代 こんなに《比較される事物が近い場合》

- 這ㇷ゙麼ㇺ＋形容詞《程度表現》
- 那ㇷ゙麼ㇺ「そんなに《事物が遠い》」

---

038 □
□
□
ナリ

哪ㇷ゙裡ㇻ゙

nǎlǐ

代 どこ

- 哪ㇷ゙邊ㇷ゙《口語》

---

039 □
□
□
ジョアリ

這ㇷ゙裡ㇻ゙

zhèlǐ

代 ここ, こちら

- 這ㇷ゙邊ㇷ゙《口語》
- 這ㇷ゙「これ」 ・ 這ㇷ゙個ㇰ「この」
- 這ㇷ゙些ㇶ「これら」

---

040 □
□
□
ナリ

那ㇷ゙裡ㇻ゙

nàlǐ

代 そこ, あそこ, そちら, あちら

- 那ㇷ゙邊ㇷ゙《口語》
- 那ㇷ゙「それ, あれ」 ・ 那ㇷ゙個ㇰ「その, あの」
- 那ㇷ゙些ㇶ「これら」

---

041 □
□
□
ジ

幾ㇷ゙

jǐ

数 いくつ《10以下の数を尋ねる》

- 幾ㇷ゙個ㇰ「何個」

---

042 □
□
□
ドゥオシャオ

多ㇷ゙少ㇷ゙

duōshǎo

代 どれくらい, いくつ《10以上の数を尋ねる》

- 多ㇷ゙少ㇷ゙錢ㇶ「いくら」

06

Nǐ juéde zěnmeyàng

你覺得 怎麼樣 ?

あなたはどう思いますか。

▶ 覺得 388「～と思う」

Wèishénme táiběi zhème rè

為什麼台北 這麼 熱 ?

なぜ台北はこんなに暑いのですか。

▶ 為什麼 032「なぜ」 熱 437「暑い」

Nǐ xiànzài zài nǎlǐ

你現在在 哪裡 ?

あなたは今どこにいますか。

▶ 現在 061「今」 在 092「～《場所》にいる」

Zhèlǐ kěyǐ zhàxiàng ma

這裡 可以照相嗎 ?

ここで写真を撮ってもいいですか。

▶ 可以 393「～できる」 嗎 137：語気助詞《疑問》

Tā zài nàlǐ zuò shénme

她在 那裡 做什麼 ?

彼女はそこで何をしていますか。

▶ 在 +《場所》+《動詞》092「《場所》で～する」

Nǐ yào mǎi jǐ ge

你要買 幾 個 ?

あなたは何個買いますか。

▶ 要 390「～したい《意志》」 買 192「買う」

Nǐmen dàxué yǒu duōshǎo xuéshēng

你們大學有 多少 學生 ?

あなたたちの大学には学生が何人いますか。

▶ 你們 004「あなたたち」 有 127「～がいる」 學生 067「学生」

---

043 □
□
□
ニェン
年ㄋㄧㄢˊ
nián

名 ～年
- 兩年ㄌㄧㄤˇㄋㄧㄢˊ「2 年」

---

044 □
□
□
ユエ
月ㄩㄝˋ
yuè

名 ～月
- 一月ㄧˋㄩㄝˋ「1月」 ▪ 数字+個月ㄍㄜˋㄩㄝˋ「～か月」
- 上個月ㄕㄤˋㄍㄜˋㄩㄝˋ「先月」 ▪ 這個月ㄓㄜˋㄍㄜˋㄩㄝˋ「今月」
- 下個月ㄒㄧㄚˋㄍㄜˋㄩㄝˋ「来月」

---

045 □
□
□
ハオ／ルイ
號ㄏㄠˋ／ 日ㄖˋ
hào／rì

名 ～・日
- "日ㄖˋ"は書き言葉　"號ㄏㄠˋ"は話し言葉。
- 明天ㄇㄧㄥˊㄊㄧㄢ「明日」

---

046 □
□
□
ティエン
天ㄊㄧㄢ
tiān

名 ～日, 空
- 一天ㄧˋㄊㄧㄢ「1 日」 ▪ 每天ㄇㄟˇㄊㄧㄢ「毎日」
- 今天ㄐㄧㄣㄊㄧㄢ「今日」 ▪ 明天ㄇㄧㄥˊㄊㄧㄢ「明日」
- 昨天ㄗㄨㄛˊㄊㄧㄢ「昨日」 ▪ 天亮ㄊㄧㄢㄌㄧㄤˋ「夜が明ける」

---

047 □
□
□
シンチ
星ㄒㄧㄥ期ㄑㄧˊ
xīngqí

名 ～週, 曜日
- 星期一ㄒㄧㄥㄑㄧˊㄧ「月曜日」
- 星期幾ㄒㄧㄥㄑㄧˊㄐㄧˇ「何曜日」
- 一個星期ㄧˊㄍㄜˋㄒㄧㄥㄑㄧˊ「1 週間」

---

048 □
□
□
リバイ
禮ㄌㄧˇ拜ㄅㄞˋ
lǐbài

名 ～週, 曜日《口語》
- 禮拜二ㄌㄧˇㄅㄞˋㄦˋ「火曜日」
- 禮拜幾ㄌㄧˇㄅㄞˋㄐㄧˇ「何曜日」
- 兩個禮拜ㄌㄧㄤˇㄍㄜˋㄌㄧˇㄅㄞˋ「2 週間」

---

049 □
□
□
ジョウモ
週ㄓㄡ末ㄇㄛˋ
zhōumò

名 週末
- 這個週末ㄓㄜˋㄍㄜˋㄓㄡㄇㄛˋ「今週」
- 上個週末ㄕㄤˋㄍㄜˋㄓㄡㄇㄛˋ「来週」
- 下週末ㄒㄧㄚˋㄓㄡㄇㄛˋ「来週末」

Wǒ xiǎng xué sān nián de rìwén
我想學三[年]的日文。

私は3年間日本語を勉強したいです。

▶ 想 388「～したい」 學 090「習う」 日文「日本語」

Kuài yào yí ge yuè le
快要一個[月]了。

もうすぐ1か月になります。

▶ 快要 +《動詞》+ 了 477「もうすぐ～になる」

Jīntiān shì jǐ yuè jǐ hào
今天是幾月幾[號]?

今日は何月何日ですか。

▶ 今天 046「今日」 幾 041「いくつ」

Wǒ yì tiān hē yì bēi guǒzhī
我一[天]喝一杯果汁。

私は1日1杯のジュースを飲みます。

▶ 喝 202「飲む」 杯:「コップ」を数える時の量詞

Zhè ge xīngqí hěn máng
這個[星期]很忙。

今週はとても忙しいです。

▶ 很 421「とても」 忙 260「忙しい」

Míngtiān shì lǐbài jǐ
明天是[禮拜]幾?

今日は何曜日ですか。

▶ 明天 046「明日」 是 007「～だ」

Xià ge zhōumò yǒukòng ma
下個[週末]有空嗎?

次の週末は空いていますか。

▶ 下個「次の」 有空「時間がある」 嗎 137:語気助詞《疑問》

050
ザオシャン
早上
zǎoshàng

(名) 朝, 午前

051
シャンウ
上午
shàngwǔ

(名) 午前

052
ジョンウ
中午
zhōngwǔ

(名) 昼, 正午

053
シアウ
下午
xiàwǔ

(名) 午後

054
バンワン
傍晚
bāngwǎn

(名) 夕方

055
ワンシャン
晚上
wǎnshàng

(名) 夜
▪ 今晚「今夜」

056
バイティエン
白天
báitiān

(名) 昼間, 日中《夜明けから日暮れまで》

24

今天 [早上] 也下雨了。
Jīntiān zǎoshàng yě xiàyǔ le

今朝も雨が降りました。

▶ 也 493「〜も」 下雨 278「雨が降る」 了 134：語気助詞《状況の発生》

我明天 [上午] 打算去超市。
Wǒ míngtiān shàngwǔ dǎsuàn qù chāoshì

私は明日の朝スーパーに行くつもりです。

▶ 打算 264「〜するつもりだ」 去 093「行く」 超市 195「スーパー」

我忘了 [中午] 要去醫院。
Wǒ wàng le zhōngwǔ yào qù yīyuàn

お昼に病院へ行かなければならないのを忘れました。

▶ 忘 262「忘れる」 要 390「〜しなければならない《必要・義務》」 醫院 316「病院」

比賽是 [下午] 三點開始的。
Bǐsài shì xiàwǔ sān diǎn kāishǐ de

試合は午後3時に始まったのです。

▶ 比賽 161「試合」 是〜的 140：「過去の出来事《場所・時間など》」を強調する

昨天 [傍晚] 才回家。
Zuótiān bàngwǎn cái huíjiā

昨日の夕方になってからやっと帰ってきました。

▶ 才 489「やっと」 回家 028「帰宅」

[晚上] 想吃什麼？
Wǎnshàng xiǎng chī shénme

夜は何が食べたいですか。

▶ 想 388「〜したい」 吃 201「食べる」

我 [白天] 沒空。
Wǒ báitiān méikòng

私は日中とても忙しいです。

▶ 沒空 128「ひまがない」

1回目	年 月 日 /7	2回目	年 月 日 /7	3回目	年 月 日 /7	達成率 11 %

057 □
□
□

ディエン

點タॵ

diǎn

量 ～時

- 幾リॵ點タॵ「何時」
- 数字＋點タॵ「～時」
- 手ゲॵ錶ラॵ「腕時計」

---

058 □
□
□

フェン

分ヒҕ

fēn

量 ～分

- 一ॵ分ヒҕ鐘坐ㄥ「一分間」
- 数字＋分ヒҕ鐘坐ㄥ「～分間」

---

059 □
□
□

シァオシ

小ㄒ幺ॵ**時**ㄕˊ

xiǎoshí

量 ～時間

- 幾リॵ個ᒑॸ小ㄒ幺ॵ時ㄕˊ「何時間」

---

060 □
□
□

バン

半ㄅㄢˋ

bàn

数 半分, 2 分の 1

- 半ㄅㄢˋ個ᒑॸ月ㄩㄝˋ「半月」
- 半ㄅㄢˋ個ᒑॸ小ㄒ幺ॵ時ㄕˊ「半時間」

---

061 □
□
□

シェンザイ

現ㄒㄧㄢˊ**在**ㄗㄞˋ

xiànzài

名 現在, 今

---

062 □
□
□

カイシ

開ㄎㄞ**始**ㄕˇ

kāishǐ

動 始まる；始める

名 最初

- 開ㄎㄞ始ㄕˇ＋動詞「～し始める」

---

063 □
□
□

ジエシュウ

結リ一ㄝˊ**束**ㄕㄨˋ

jiéshù

動 終わる；終わらせる

名 終わり

Xiànzài jǐ diǎn

現在 幾 點 ?

今何時ですか。

▶ 現在 061「今」 幾 041「いくつ」

Kěyǐ děng wǒ shí fēnzhōng ma

可以 等 我 十 分 鐘 嗎 ?

10分待ってもらえますか。

▶ 可以 393「～できる」 等 301「待つ」

Zhōngwǔ xiūxí yí ge xiǎoshí

中午 休 息 一 個 小 時 。

お昼に1時間休憩します。

▶ 中午 052「昼」 休息 083「休憩する」

Xiàwǔ liǎng diǎn bàn de fēijī

下 午 兩 點 半 的 飛 機 。

午後2時半の飛行機です。

▶ 中午 052「午後」 飛機 338「飛行機」

Wǒ xiànzài zài biànlì shāngdiàn

我 現 在 在 便 利 商 店 。

私は今コンビニにいます。

▶ 在 092「～《場所》にいる」 便利商店 193「コンビニ」

Diànyǐng jǐ diǎn kāishǐ ne

電 影 幾 點 開 始 呢 ?

映画は何時に始まりますか。

▶ 電影 185「映画」 呢 139：語気助詞《疑問》

Bǐsài kuàiyào jiéshù le

比 賽 快 要 結 束 了 。

試合はもうすぐ終わります。

▶ 比賽 161「試合」 快要 +《動詞》+ 了 477「もうすぐ～になる」

064
シュエシァオ
學校
xuéxiào
名 学校
- 畢業「卒業する」

065
ジャオシ
教室
jiàoshì
名 教室

066
ラオシ
老師
lǎoshī
名 先生, 教師

067
シュエション
學生
xuéshēng
名 学生, 生徒
- 小學生「小学生」
- 年級「～年生」

068
トンシュエ
同學
tóngxué
名 同級生, クラスメート

069
シャンカ
上課
shàngkè
動 授業に出る, 授業が始まる
- 下課「授業が終わる」

070
シャンシュエ
上學
shàngxué
動 登校する, 学校に通う
- 放學「下校する」

Nǐmen xuéxiào hǎo dà a
你们們 [學校] 好 大 啊 。

あなた達の学校はとても広いです。

▶ 好 476「とても～だ」 啊 135：語気助詞《感嘆》

Jiàoshì zài nǎlǐ
[教室] 在 哪 裡 ?

教室はどこですか。

▶ 在 092「～《場所》にある」 哪裡 038「どこ」

Tā shì jiāo yújiā de lǎoshī
他 是 教 瑜 珈 的 [老 師] 。

彼はヨガを教える先生です。

▶ 教 087「教える」 瑜珈「ヨガ」

Zhè ge xuéshēng cháng chídào
這 個 [學生] 常 遲 到 。

この学生はよく遅刻する。

▶ 常 425「よく」 遲到「遅刻する」

Wǒ de tóngxué bǐjiào cōngmíng
我 的 [同學] 比 較 聰 明 。

私のクラスメートはわりと賢いです。

▶ 比較 479「割と」 聰明「賢い」

Nǐ jīntiān jǐ diǎn shàngkè
你 今 天 幾 點 [上 課] ?

あなたは今日何時に授業が始まりますか。

▶ 今天 046「今日」 幾點 057「何時」

Wǒ bùxiǎng shàngxué
我 不 想 [上 學] 。

私は学校に行きたくないです。

▶ 不想 389「～したくない」

| 1回目 | 年 月 日 ／7 | 2回目 | 年 月 日 ／7 | 3回目 | 年 月 日 ／7 | 達成率 14 % |

071 □ □ □
シュウ
書_ア_ㄨ
shū

名 本
- 本_{ㄣˇ}：「書籍」を数える時の量詞
- 圖_{ㄊㄨˊ}書_{ㄕㄨ}館_{ㄍㄨㄢˇ}「図書館」

072 □ □ □
カベン
課_{ㄎㄜˋ}本_{ㄅㄣˇ}
kèběn

名 教科書, テキスト

073 □ □ □
ズオイエ
作_{ㄗㄨㄛˋ}業_{ㄧㄝˋ}
zuòyè

名 宿題

074 □ □ □
チェンビホ
鉛_{ㄑㄧㄢ}筆_{ㄅㄧˇ}盒_{ㄏㄜˊ}
qiānbǐhé

名 筆箱, ペンケース

075 □ □ □
シュウバオ
書_{ㄕㄨ}包_{ㄅㄠ}
shūbāo

名 ランドセル

076 □ □ □
ズ
紙_{ㄓˇ}
zhǐ

名 紙

077 □ □ □
ビ
筆_{ㄅㄧˇ}
bǐ

名 ペン

Nǐ kànde dǒng zhè běn shū ma

你看得懂這本[書]嗎？

この本の内容がわかりますか。

▶ 看得懂 498「見てわかる」 本 071：「書籍」を数える時の量詞

Nà shì shénme kèběn

那是什麼[課本]？

それは何の教科書ですか。

▶ 那 040「それ」 什麼 030「なに」

Búyào wàng le xiě zuòyè

不要忘了寫[作業]。

宿題をするのを忘れないでください。

▶ 不要 391「～してはいけない」 忘 262「忘れる」 寫 086「書く」

Nǐ de qiānbǐhé hǎo kěài

你的[鉛筆盒]好可愛。

あなたのペンケースはとてもかわいいです。

▶ 好 476「とても～だ」 可愛 456「可愛い」

Xiǎoxuéshēng de shūbāo zhēn zhòng

小學生的[書包]真重。

小学生のランドセルは本当に重いです。

▶ 小學生 067「小学生」 真 384「本当に」 重 442「重い」

Wǒ yào yì zhāng zhǐ

我要一張[紙]。

紙を1枚ください。

▶ 請 382「どうぞ」 張：「平たいもの」を数える時の量詞

Zhè zhī bǐ búshì wǒ de

這枝[筆]不是我的。

このペンは私のものではありません。

▶ 枝：「ペン」を数える時の量詞 的 140「～の (もの)」

078
ウェンティ
問題
wèntí

名 問題, 質問

079
カオシ
考試
kǎoshì

名 試験, テスト
- 考上「(試験に)受かる」

080
ダンズ
單字
dāzì

名 単語

081
ホイダ
回答
huídá

動 答える

082
ダアン
答案
dáàn

名 解答, 答え

083
シゥシ
休息
xiūxí

動 休憩する, 休む

084
ファンジャア
放假
fàngjià

動 休みになる
- 暑假「夏休み」

Lǎoshī　　wǒ yǒu yí ge　　wèntí

老師 ， 我 有 一 個 問題 。

先生，1つ質問があります。

▶ 老師 066「先生」 有 127「～がある」

Zhè cì de kǎoshì tài nán le

這 次 的 考試 太 難 了 。

この試験は難しすぎます。

▶ 這次 232「今回」 太 +《形容詞》+ 了 423「～すぎる」

Zhè běn shū de yīngwén dǎzì hěn duō

這 本 書 的 英文 單字 很 多 。

この本は英語の単語がとても多いです。

▶ 書 071「本」 英文「英語」 很 421「とても」

Wǒ zài děng nǐ de huídá

我 在 等 你 的 回答 。

私はあなたの回答を待っています。

▶ 在 092 +《動詞》「～している」 等 301「待つ」

Wǒ bù zhīdào dáàn

我 不 知 道 答案 。

私は答えを知りません。

▶ 不知道 125「知らない」

Xiūxí yíxià ba

休息 一 下 吧 ！

ちょっと休憩しましょう。

▶ 一下 410「ちょっと」 吧 138：語気助詞《提案》

Míngtiān kāishǐ fàngjià

明 天 開 始 放假 。

明日から休暇が始まります。

▶ 明天 045「明日」 開始 062「始まる」

注音符号とは

注音符号とは台湾で使われている発音記号であり，先頭の四文字「ㄅㄆㄇㄈ」からボポモフォ（bopomofo）とも呼ばれています。

注音声調の表記方法

① 第1声は表記しません。
② 第2・3・4声は注音の右側に表記します。
③ 軽声は注音の上に表記します。

第1声	第2声	第3声	第4声	軽声
―	╱	╲╱	╲	・
媽 ㄇㄚ	麻 ㄇㄚˊ	馬 ㄇㄚˇ	罵 ㄇㄚˋ	嗎 ˙ㄇㄚ
mā	má	mǎ	mà	ma
少し高く平らにのばします。	低いところから一気に引き上げます。	低く抑えてから，最後は少しだけ上げます。	高いところから一気に下げます。	軽く短く発音します。

● 日常会話では台湾人は軽声を第1声にする傾向がほとんどです。

「第3声」の声調の変化

① 第3声＋第1・2・4声 ⇒ 半3声＋第1・2・4声

半3声は，本来の第3声の後半にあたる上昇部分の声調がなくなります。

② 第3声＋第3声 ⇒ 第2声＋第3声

你ˇ好ˇ nǐ hǎo ⇒ ní hǎo

※第3声の声調変化は，書くときは第3声（ˇ）のままで表記します。

「不」の声調の変化

本来の声調は第4声ですが，後ろに第4声が続くと第2声で発音します。

① 第4声＋第1・2・3声 ⇒ 変化なし

不ㄅㄨˋ吃 bù chī　不ㄅㄨˋ能 bù néng　不ㄅㄨˋ好ㄏㄠˇ bù hǎo

② 第4声＋第4声 ⇒ 第2声＋第4声

不ㄅㄨˋ是ˋ ⇒ 不ㄅㄨˋ是 bú shì（第2声＋第4声）

「一」の声調の変化

本来の声調は第1声ですが，後ろに第1・2・3声が続くと第4声で発音し，第4声と軽声が続くと第2声で発音します。

① 第1声＋第1・2・3声　⇒　第4声＋第1・2・3声

一 杯ㄅㄟ ⇒ 一ˋ杯 yìbēi

一 台ㄊㄞˊ ⇒ 一ˋ台 yìtái

一 本ㄅㄣˇ ⇒ 一ˋ本 yìběn

② 第1声＋第4声　⇒　第2声＋第4声

一 塊ㄎㄨㄞˋ ⇒ 一ˊ塊 yíkuài

"一" が序数詞として使われる場合は順番を表すため，変調せずに本来の第1声で発音します。

たとえば：

第ㄉㄧˋ一 名ㄇㄧㄥˊ dìyīmíng（第1位）

一 號ㄏㄠˋ yīhào（1日）

北ㄅㄟˇ一 女ㄋㄩˇ běiyīnǚ（台北市立第一女子高級中学）

085 ☐☐☐ シュオ
說 アメで
shuō
動 言う, 話す
▪ 話「話」

086 ☐☐☐ シエ
寫 エせ
xiě
動 書く

087 ☐☐☐ ジャオ
教 リ幺
jiāo
動 教える

088 ☐☐☐ ニェン
念 ヲー5
niàn
動 (声を出して) 読む;
(学校で) 勉強する

089 ☐☐☐ ホア
畫 厂メヽ
huà
動 (絵を) 描く

090 ☐☐☐ シュエ
學 エムせ
xué
動 学ぶ, 習う

091 ☐☐☐ ファーイン
發 音 ヒY 音ら
fāyīn
名 発音
▪ 聲音「音, 声」

Qǐng shuō dà shēng yìdiǎn
請 說 大 聲 一 點 。

少し大きな声で話してください。

▶ 大聲「大声」 一點 408「少し」

Nǐ huì xiě tā de míngzi ma
你 會 寫 他 的 名 字 嗎 ？

あなたは彼の名前が書けますか。

▶ 會 395「～できる」 名字 121「名前」

Kěyǐ jiāo wǒ zuò lǔròufàn ma
可 以 教 我 做 滷 肉 飯 嗎 ？

魯肉飯（ルーローハン）の作り方を教えてくれませんか。

▶ 可以 393「～できる」 做 302「作る」 滷肉飯「魯肉飯（ルーローハン）」

Qǐng zài niàn yí cì
請 再 念 一 次 。

もう1回読んでください。

▶ 再 +《動詞》+ 一次 483「もう1回～する」

Wǒ huàde bù hǎokàn
我 畫 得 不 好 看 。

私は絵を上手く描けません。

▶《動詞》+ 得 +《様態補語》392　好看 364「きれいだ」

Wǒ qù táiwān xué zhōngwén
我 去 台 灣 學 中 文 。

私は台湾に中国語を勉強しに行きます。

▶ 去 093 +《場所》+《動詞》「《場所》に～（し）に行く」

Tā de fāyīn hěn hǎo
他 的 發 音 很 好 。

彼の発音はとてもいいです。

▶ 很 421「とても」 好 476「よい」

092 ☐ ☐ ☐	ザイ **在**ㄗㄞˋ zài	動 ～《場所》にある［いる］ 介 ～で《場所》, ～に《時間》 副 ～している《＋動詞》 ▪ **在**ㄗㄞˋ＋場所＋動詞「《場所》で～する」
093 ☐ ☐ ☐	チュイ **去**ㄑㄩˋ qù	動 行く ▪ **去**ㄑㄩˋ＋場所「～しに行く」 ▪ **去**ㄑㄩˋ＋場所＋動詞「《場所》に～しに行く」
094 ☐ ☐ ☐	ライ **來**ㄌㄞˊ lái	動 来る ▪ **來**ㄌㄞˊ＋動詞「～しに来る」 ▪ **回**ㄏㄨㄟˊ**來**ㄌㄞˊ「帰る」
095 ☐ ☐ ☐	ゾウ **走**ㄗㄡˇ zǒu	動 歩く, 行く； 《ある場所から》離れる
096 ☐ ☐ ☐	パオ **跑**ㄆㄠˇ pǎo	動 走る
097 ☐ ☐ ☐	ジン **進**ㄐㄧㄣˋ jìn	動 入る
098 ☐ ☐ ☐	チュウメン **出**ㄔㄨ **門**ㄇㄣˊ chūmén	動 外出する, 出かける

Wǒ de gōngsī zài dōngjīng

我的公司[在]東京。

私の会社は東京にあります。

▶ 公司 246「会社」

Wǒ qù mǎi dōngxi

我[去]買東西。

私は買い物しに行きます。

▶ 去 093 +《動詞》「～(し)に行く」 買 192「買う」 東西 297「もの」

Shénme shíhòu lái wǒ jiā wán

什麼時候[來]我家玩?

いつ私の家に遊びに来ますか。

▶ 什麼時候 031「いつ」 玩 372「遊ぶ」

Dào táiběi chēzhàn zěnme zǒu

到台北車站怎麼[走]?

台北駅まではどうやっていきますか。

▶ 到 100「～まで」 車站 170「駅」

Pǎode hěn kuài

[跑]得很快。

走るのがとても速いです。

▶《動詞》+ 得 +《様態補語》392 很 421「とても」

Qǐng jìn

請[進]。

どうぞお入りください。

▶ 請 382「どうぞ」

Tā chūmén le ma

她[出門]了嗎?

彼女は出かけましたか。

▶ 了嗎 134「～しましたか」

099 □
□
□

ツォン
從ㄘㄨㄥˊ
cóng

（介）〜から《空間的・時間的起点》
- 〜**從**ㄘㄨㄥˊ…**到**ㄉㄠˋ「〜から…まで」
- **離**ㄌㄧˊ＋場所「《場所》〜から」

100 □
□
□

ダオ
到ㄉㄠˋ
dào

（介）〜まで《場所・時間》,
　　　〜に［へ］《場所・時間》
（動）着く, 到着する
- **遲**ㄔˊ**到**ㄉㄠˋ「遅刻する」

101 □
□
□

フゥジン
附ㄈㄨˋ**近**ㄐㄧㄣˋ
fùjìn

（名）付近, 近所
- **到**ㄉㄠˋ**處**ㄔㄨˋ「あちこち」

102 □
□
□

パンビェン
旁ㄆㄤˊ**邊**ㄅㄧㄢ
pángbiān

（方位）そば, 横

103 □
□
□

ヨウビェン
右ㄧㄡˋ**邊**ㄅㄧㄢ
yòubiān

（方位）右側, 右のほう
- **左**ㄗㄨㄛˇ**邊**ㄅㄧㄢ「左側, 左のほう」

104 □
□
□

シャン（ミェン）
上ㄕㄤˋ（**面**ㄇㄧㄢ）
shàng(miàn)

（方位）上（のほう）, 〜のあたり
- **下**ㄒㄧㄚˋ（**面**ㄇㄧㄢ）「下のほう」

105 □
□
□

チェン（ミェン）
前ㄑㄧㄢˊ（**面**ㄇㄧㄢ）
qián(miàn)

（方位）前（のほう）
- **後**ㄏㄡˋ（**面**ㄇㄧㄢ）「後ろ（のほう）」

Wǒ dǎsuàn cóng fàndiàn qù jīchǎng
我打算 從 飯店去機場。
私はホテルから空港に行くつもりです。

▶ 打算 264「〜するつもりだ」 飯店 268「ホテル」 機場 337「空港」

Zuótiān kāi huì dào wǎnshàng jiǔ diǎn
昨天開會 到 晚上九點。
昨日の会議は午後9時まででした。

▶ 開會 243「会議する」 晚上 055「夜」

Fùjìn yǒu hǎochī de cāntīng ma
附近 有好吃的餐廳嗎?
近くにおいしいレストランはありますか。

▶ 好吃 221「おいしい」 餐廳 194「レストラン」 嗎 137：語気助詞《疑問》

Wǒ jiā pángbiān yǒu yóujú
我家 旁邊 有郵局。
私の家の横に郵便局があります。

▶ 有 127「〜がある」 郵局 358「郵便局」

Zuò zài yòubiān de shì wǒ māma
坐在 右邊 的是我媽媽。
右側に座っているのは私の母です。

▶ 坐 153「座る」 在 092「〜で《場所》」 媽媽 016「お母さん」

Dàngāo shàng yǒu hěn duō shuǐguǒ
蛋糕 上 有很多水果。
ケーキの上にはたくさんのフルーツがあります。

▶ 蛋糕 313「ケーキ」 很多「たくさん」 水果 207「果物」

Qiánmiàn nà dòng dàlóu hěn xīn
前面 那棟大樓很新。
前方のあのビルはとても新しいです。

▶ 棟：「建物」を数える時の量詞 大樓 298「ビル」 很 421「とても」

106 □ □ □
ドゥイミェン
對ㄉㄨㄟ面ㄇㄧㄢ
duìmiàn

名 向かい

107 □ □ □
ワイ（ミェン）
外ㄨㄞ（面ㄇㄧㄢ）
wài(miàn)

名 外
- 裡ㄌㄧ（面ㄇㄧㄢ）「中」

108 □ □ □
ジョンジェン
中ㄓㄨㄥ間ㄐㄧㄢ
zhōngjiān

名 《2点間の》真ん中, 間

109 □ □ □
ジュオズ
桌ㄓㄨㄛ子ㄗ
zhuōzi

名 机, テーブル
- 餐ㄘㄢ桌ㄓㄨㄛ「食卓」

110 □ □ □
イズ
椅ㄧ子ㄗ
yǐzi

名 椅子
- 沙ㄕㄚ發ㄈㄚ「ソファ」

111 □ □ □
シァンズー
箱ㄒㄧㄤ子ㄗ
xiāngzi

名 箱《大型》, トランク
- 盒ㄏㄜ子ㄗ「小箱」

112 □ □ □
シエグイ
鞋ㄒㄧㄝ櫃ㄍㄨㄟ
xiéguì

名 シューズボックス, 靴箱

Qūgōngsuǒ duìmiàn shì yóuyǒngchí

區公所 對面 是游泳池。

区役所の向かいはプールです。

▶ 區公所「区役所」 游泳池 157「プール」

Xuéxiào wàimiàn yǒu yì jiā sùshídiàn

學校 外面 有一家速食店。

学校の外にはファストフード店があります。

▶ 家：「店舗」を数える時の量詞 速食店 194「ファストフード店」

Cānzhuō zài kètīng de zhōngjiān

餐桌在客廳的 中間。

食卓はリビングルームの真ん中にあります。

▶ 餐桌 109「食卓」 客廳 283「居間」

Nà zhāng zhuōzi yǒu yìdiǎn zāng

那張 桌子 有一點髒。

あの机は少し汚いです。

▶ 有一點 +《形容詞》409「少し〜だ」 髒 370「汚い」

Wǒ de shūbāo fàng zài yǐzi shàng

我的書包放在 椅子 上。

私のランドセルは椅子の上に置いてあります。

▶ 書包 075「ランドセル」 放 118「置く」

Nà ge xiāngzi lǐmiàn yǒu shénme

那個 箱子 裡面有什麼？

その箱の中には何がありますか。

▶ 那個 040「その」 有 127「〜がある」 什麼 030「なに」

Xiéguì shàng de qiánbāo shì shéi de

鞋櫃 上的錢包是誰的？

靴箱の上の財布は誰のものですか。

▶ 錢包 356「財布」 〜的 140「〜の（もの）」

1回目	年 月 日 ／7	2回目	年 月 日 ／7	3回目	年 月 日 ／7	達成率 22 %

113 □ □ □	ワン **往**メ wǎng	介 ～に向かって〈方向〉, ～のほうへ
114 □ □ □	ダイ **帯**勿 dài	動 連れていく；携帯する ▪ 帯勿+対象+去ふ「《対象》を連れていく, 持っていく」 ▪ 外勿帯勿「お持ち帰り」
115 □ □ □	ソン **送**ム sòng	動 (人を) 送る, 見送る；贈る ▪ 送ム到勿「届く」
116 □ □ □	ペイ **陪**タ péi	動 付き添う
117 □ □ □	ナ **拿**ろ ná	動 (手や他の方法などで) 持つ, 取る
118 □ □ □	ファン **放**ヒ fàng	動 (物・事柄を場所・位置に) 置く
119 □ □ □	ジャオ **找**业 zhǎo	動 探す；(人に) 会う

44

Wǎng táidōng de kèyùn jǐ diǎn kāi

[往] 台東的客運幾點開？

台東行きの高速バスは何時に出発しますか。

▶ 客運 181「高速バス」 開「運転して出発する」

Rúguǒ bù zhīdào lù wǒ dài nǐ qù

如果不知道路，我[帶]你去。

もし道がわからなければお連れします。

▶ 如果 416「もし～ならば」 帶 +《対象》+ 去 114「《対象》を連れていく」

Wǒ sòng nǐ huí jiā ba

我[送]你回家吧。

あなたを家まで送りましょうか。

▶ 回家 028「帰宅する」 吧 138：語気助詞《提案》

Kěyǐ péi wǒ qù yīyuàn ma

可以[陪]我去醫院嗎？

私と一緒に病院に行ってくれませんか。

▶ 可以 393「～できる」 醫院 316「病院」

Búyào kèqì qǐng zìjǐ ná

不要客氣，請自己[拿]。

ご遠慮なく，ご自分でお取りください。（＝ご自由にお取りください）

▶ 請 382「どうぞ」 自己 021「自分」 客氣 141「遠慮する」

Xiézi qǐng fàng zài ménkǒu

鞋子請[放]在門口。

靴は玄関に置いてください。

▶ 鞋子 367「靴」 放 118「置く」 門口 300「玄関口」 在 092「～《場所》にいる」

Zài zhǎo shénme ne

在[找]什麼呢？

何を探していますか。

▶ 在 +《動詞》092「～している」 呢 139：語気助詞《疑問》

120

ズゥオジエシャオ

自_ア我_{ウォ}介_{ジエ}紹_{シャオ}

zìwǒjièshào

動 自己紹介する

121

ミンズ

名_{ミン}字_ズ

míngzi

名 名前

122

ジャオ

叫_{ジャオ}

jiào

動 呼ぶ；（名前は）〜という；
（命令して）〜させる

123

シン

姓_{シン}

xìng

動 姓は〜である

名 苗字

▪ 貴_{グイ}姓_{シン}「相手を尊敬して姓を尋ねる」

124

ウェン

問_{ウェン}

wèn

動 質問する, 聞く

▪ 請_{チン}問_{ウェン}「すみませんが〜《問い掛け》」

125

ジダオ

知_ジ道_{ダオ}

zhīdào

動 知っている, わかる

▪ 不_ブ知_ジ道_{ダオ}「知らない」

126

レンシ

認_{レン}識_シ

rènshì

動 見知っている

18

Qǐng zìwǒjièshào yíxià

請 自我介紹 一下。

自己紹介をしてください。

▶《動詞》+ 一下 **410**「ちょっと〜する」

Nǐ jiào shénme míngzi

你 叫 什麼 名字 ?

あなたの名前は何といいますか。

▶ 你 **003**「あなた」 叫 **122**「(名前は) 〜という」 什麼 **030**「なに」

Qǐng bāng wǒ jiào jìchéngchē

請 幫 我 叫 計程車 。

タクシーを呼んでください。

▶ 幫 **175**「手伝う」 計程車 **179**「タクシー」

Nín guìxìng

您 貴姓 。

(あなた様の) お名前は何とおっしゃいますか。

▶ 您 **008**「あなた様《敬称》」

Wǒ wènwèn kàn

我 問問 看 。

聞いてみます。

▶《動詞》+《動詞》+ 看 **183**「〜してみる」

Nǐ zhīdào tā xǐhuān shénme ma

你 知道 她 喜歡 什麼 嗎 ?

彼女は何が好きかを知っていますか。

▶ 她 **005**「彼女」 喜歡 **223**「好きだ」

Wǒmen shì shàng ge yuè rènshì de

我們 是 上個月 認識 的 。

私たちは先月知り合いました。

▶ 上個月 **044**「先月」 是〜的 **140**：「過去の出来事《場所・時間など》」を強調する

| 1回目 | 年 月 日 ／7 | 2回目 | 年 月 日 ／7 | 3回目 | 年 月 日 ／7 | 達成率 25 % |

47

127 ☐ ☐ ☐	ヨウ **有**ヌ yǒu	動 ～がある；～がいる； 持っている

128 ☐ ☐ ☐	メイ(ヨウ) **没**ㄇ**(有**ヌ**)** méi(yǒu)	動 ～がない；～がいない 副 まだ～していない ▪ **没**ㄇ**空**ㄎ「暇がない」

129 ☐ ☐ ☐	メイグァンシ **没**ㄇ**關係**ㄒ méiguānxi	フレーズ かまわない；大丈夫だ

130 ☐ ☐ ☐	メイウェンティ **没**ㄇ**問**ㄨ**題**ㄊ méiwèntí	フレーズ 問題がない；大丈夫だ

131 ☐ ☐ ☐	ヨウシ **有**ヌ**事**ア yǒushì	動 用事がある；事故が起こる ▪ **没**ㄇ**事**ア「暇だ，無事だ」

132 ☐ ☐ ☐	ツオ **錯**ち cuò	形 間違っている，正しくない 名 間違い．過ち ▪ **没**ㄇ**錯**ち「間違いない」 ▪ **不**ㄅ**錯**ち「なかなかよい」

133 ☐ ☐ ☐	グオ **過**ㄍ guò	動 過ごす；経過する；通過する 助 ～したことがある

48

19

Děng yíxià yǒu shíjiān ma
等一下〔有〕時間嗎？

後で時間はありますか。

▶ 等一下 411「あとで」嗎 137：語気助詞《疑問》

Méiyǒu qián mǎi diànnǎo
〔沒有〕錢買電腦。

パソコンを買うお金がありません。

▶ 錢 356「お金」電腦 255「パソコン」

Bùxiǎng zuò yě méiguānxi
不想做也〔沒關係〕。

したくなくてもかまいません。

▶ 不想 389「〜したくない」做 302「する」也 493「〜も」

Dàgài méiwèntí
大概〔沒問題〕。

たぶん大丈夫です。

▶ 大概 398「たぶん」

jīntiān yǒushì bùnéng qù
今天〔有事〕不能去。

今日用事があって行けません。

▶ 今天 046「今日」不能 394「〜できない」去 093「行く」

Yǒu cuò de dìfāng qǐng gàosù wǒ
有〔錯〕的地方，請告訴我。

間違ったところがあれば教えてください。

▶ 地方「ところ」請 382「どうぞ」告訴「告げる」

Nǐ qù guò měiguó ma
你去〔過〕美國嗎？

アメリカに行ったことがありますか。

▶《動詞》+ 過 133「〜したことがある」美國「アメリカ」

134 □
□
□
　ラ
　了_{ゥォ}
　le

語気助 ～した
① 動作・行為の完了
② 状態の変化・状況の発生
■ 了_{ゥォ}嗎_ヾ「～しましたか」

135 □
□
□
　ア
　啊_ヾ
　a

語気助 感嘆／賛成／催促
■ 各種疑問文に添えてあっさりとした疑
問の気持ちを示す。

136 □
□
□
　ラ
　啦_ラ
　la

語気助 状況の変化を確認する
■「了_{ゥォ}」＋「啊_ヾ」の合体。

137 □
□
□
　マ
　嗎_ヾ
　ma

語気助 ～か《疑問》

138 □
□
□
　バ
　吧_バ
　ba

語気助 勧誘・提案／推測／同意

139 □
□
□
　ヌァ
　呢_{ヌォ}
　ne

語気助 疑問／確認／進行
■ 名詞の後に置き，疑問の意味となる。
■ 諾否疑問文（YES か NO かを尋ねる）
以外の質問に用い，語気を和らげる。

140 □
□
□
　ダ
　的_{ダォ}
　de

語気助 ① ～の《名詞の修飾語をつくる》
② 確認・判断《文末に付く》
■ 是_ア～ 的_{ダォ}：過去の出来事で「誰が・
いつ・どこで・どうやって」行ったかを
強調する。

20

Wǒ xiàbān le

我 下 班 [了]。

退勤しました。

▶ 下班 239 「退勤する」

Wǒ yě xiǎng chī a

我 也 想 吃 [啊]！

私も食べたいです！

▶ 也 493 「～も」 想 388 「～したい」 吃 201 「食べる」

Xiàyǔ la

下 雨 [啦]！

雨が降ってきた！

▶ 下雨 278 「雨が降る」

Xiè xiānshēng zài ma

謝 先 生 在 [嗎]?

謝さんはいますか。

▶ 先生 009 「～さん《男性》」 在 092 「～《場所》にいる」

Wǒmen yìqǐ wán ba

我 們 一 起 玩 [吧]！

一緒に遊びましょう。

▶ 我們 002 「私たち」 一起 405 「一緒に」 玩 372 「遊ぶ」

Wǒ hē píjiǔ nǐ ne

我 喝 啤 酒 , 你 [呢]?

私はビールを飲みますが，あなたは？

▶ 喝 202 「飲む」 啤酒 206 「ビール」

Nǐ shì shéme shíhòu dào táiwān de

你 是 什 麼 時 候 到 台 灣 [的]?

いつ台湾に着いたのですか。

▶ 什麼時候 031 「いつ」 到 100 「着く」

1回目	年 月 日 ／7	2回目	年 月 日 ／7	3回目	年 月 日 ／7	達成率 27 %

141 ☐ ☐ ☐
カチ
客气 kèqì

動 遠慮する
形 礼儀正しい, 謙虚だ
▪ 不客气「どういたしまして」

142 ☐ ☐ ☐
マファン
麻烦 máfán

動 面倒[手数]をかける
形 煩わしい, 面倒だ

143 ☐ ☐ ☐
チンソン
輕鬆 qīngsōng

形 気楽だ

144 ☐ ☐ ☐
ホァンジン
環境 huánjìng

名 環境

145 ☐ ☐ ☐
チャオ
吵 chǎo

動 (やかましくして) 人の邪魔をする
形 うるさい, 騒がしい

146 ☐ ☐ ☐
アンジン
安靜 ānjìng

形 静かだ

147 ☐ ☐ ☐
ルァナオ
熱鬧 rènào

形 賑やかだ

52

21

Búyào　　kèqi　　　duō　chī　yìdiǎn

不要[客氣]，多吃一點。

遠慮しないで，もっと食べなさい。

▶ 不要 391「～してはいけない」　多 +《動詞》+ 一點 408「もう少し～する」

Shēnqǐng　shǒuxù　hěn　máfan

申請手續很[麻煩]。

申込手続きがとても面倒です。

▶ 手續 346「手続き」　很 421「とても」

Zhè　fèn　gōngzuò　bù　qīngsōng

這份工作不[輕鬆]。

この仕事は楽ではありません。

▶ 份：「仕事」を数える時の量詞　工作 240「仕事」

Zhè　fùjìn　de　huánjìng　búcuò

這附近的[環境]不錯。

この付近の環境はなかなかよいです。

▶ 附近 101「付近」　不錯 132「なかなかよい」

Gébì　de　fángjiān　tài　chǎo　le

隔壁的房間太[吵]了。

隣の部屋はうるさすぎます。

▶ 隔壁「隣」　房間 286「部屋」　太 +《形容詞》+ 了 423「～すぎる」

Zhè　lǐ　shì　túshūguǎn　qǐng　ānjìng

這裡是圖書館，請[安靜]。

ここは図書館なので，静かにしてください。

▶ 這裡 039「ここ」　圖書館 071「図書館」　請 382「どうぞ」

Shì　lín　yèshì　hěn　rènào

士林夜市很[熱鬧]。

士林夜市はとても賑やかです。

▶ 士林夜市「台湾最大のナイトマーケット」　夜市 151「夜店」

| 1回目 | 年 月 日 / 7 | 2回目 | 年 月 日 / 7 | 3回目 | 年 月 日 / 7 | 達成率 29 % |

148 ☐☐☐
サンブ
散ムゥ**步**ゥ
sànbù

動 散歩する

149 ☐☐☐
ゴンユエン
公ゲ**園**ユゥ
gōngyuán

名 公園
- 主ゥ題ホ公ゲ園ユゥ「テーマパーク」

150 ☐☐☐
グァン
逛ゲゥ
guàng

動 ぶらぶらする, 歩き回る

151 ☐☐☐
イエシ
夜ゼ**市**ァ
yèshì

名 夜店, ナイトマーケット

152 ☐☐☐
ジエ
街ゼ
jiē

名 通り, 街

153 ☐☐☐
ズオ
坐ズオ
zuò

動 座る

154 ☐☐☐
ジャン
站ジゥ
zhàn

動 立つ

Fàn hòu qù sànbù yíxià
飯後去 [散步] 一下。

食事の後，ちょっと散歩に行ってきます。

▶ 飯後 199「食後」去 +《動詞》093「〜（し）に行く」一下 410「ちょっと」

Zài gōngyuán wán de xiǎohái duō ma
在 [公園] 玩的小孩多嗎？

公園で遊ぶ子どもがたくさんいます。

▶ 玩 372「遊ぶ」小孩 010「子ども」嗎 137：語気助詞《疑問》

Wǒ xǐhuān dàochù guàngguàng
我喜歡到處 [逛逛]。

私はあちこちぶらぶらするのが好きです。

▶ 喜歡 223「好きだ」到處 101「あちこち」

Yèshì de xiǎochī hěn piányí
[夜市] 的小吃很便宜。

夜店の軽食はとても安いです。

▶ 小吃 201「軽食」便宜 474「安い」

Zhōumò jiē shàng de rén hěn duō
週末 [街] 上的人很多。

週末は通りに人が多いです。

▶ 上 104「〜のあたり」很多「たくさん」

Búyào zuò zài zhuōzi shàng
不要 [坐] 在桌子上。

テーブルの上に座らないでください。

▶ 桌子 109「テーブル」

Yéye zhàn zài ménkǒu qián chōuyān
爺爺 [站] 在門口前抽菸。

おじいちゃんは入口の前に立ってタバコを吸っています。

▶ 爺爺 022「祖父」門口 300「入り口」抽菸「タバコを吸う」

155 ☐☐☐
ユンドン
運い動ッ
yùndòng

動 運動する

156 ☐☐☐
ヨウヨン
游ヌ泳ユ
yóuyǒng

動 泳ぐ

157 ☐☐☐
ヨウヨンチ
游ヌ泳ユ池イ
yóuyǒngchí

名 プール

158 ☐☐☐
ジェンシェンファン
健ュ身ァ房ビ
jiànshēnfáng

名 フィットネスジム
▪ 身ァ體ニ「体」

159 ☐☐☐
ユィジャア
瑜ユ珈ャ
yújiā

名 ヨガ

160 ☐☐☐
マンパオ
慢ヮ跑ぞ
mànpǎo

動 ジョギングをする

161 ☐☐☐
ビサイ
比ゞ賽ょ
bǐsài

名 試合
▪ 冠ミ軍ュ「優勝者」

Měitiān zǎoshàng yùndòng yí ge xiǎoshí
每天 早上 運動 一個 小時。

每朝1時間運動します。

▶ 每天 046「毎日」 早上 050「朝」 小時 059「〜時間」

Búhuì yóuyǒng de rén jiào hànyāzi
不會 游泳 的人叫 旱鴨子。

泳げない人はかなづちと呼ばれます。

▶ 不會 395「〜できない」 叫 122「呼ぶ」 旱鴨子「かなづち」

Nǐmen xuéxiào yǒu yóuyǒngchí ma
你們 學校 有 游泳池 嗎？

あなたの学校にはプールがありますか。

▶ 有 127「〜がある」 嗎 137：語気助詞《疑問》

Wǒ cháng qù jiànshēnfáng
我常去 健身房。

私はよくジムに通っています。

▶ 常 425「よく」 去 093「行く」

Wǒ dǎsuàn kāishǐ zài jiā zuò yújiā
我打算 開始 在家做 瑜珈。

私は家でヨガを始めるつもりです。

▶ 打算 264「〜するつもりだ」 在 092「〜で《場所》」 做 302「する」

Wǒ zài fùjìn de gōngyuán mànpǎo sān shí fēnzhōng
我在附近的公園 慢跑 三十分鐘。

近くの公園を30分ジョギングします。

▶ 附近 101「近所」 分鐘 058「〜分間」

Wǒ xiǎng qù kàn bàngqiú bǐsài
我想去看 棒球 比賽。

私は野球の試合を観に行きたいです。

▶ 想 388「〜したい」 看 183「観る」 棒球「野球」

1回目	年 月 日 ／7	2回目	年 月 日 ／7	3回目	年 月 日 ／7	達成率 **32 %**

162 □
□
□
ミル
迷路
mílù

動 道に迷う

163 □
□
□
ルコウ
路口
lùkǒu

名 交差点

164 □
□
□
ホンリュドン
紅緑燈
hónglùdēng

名 交通信号機, 信号

165 □
□
□
シァンズ
巷子
xiàngzi

名 路地

166 □
□
□
ディトゥ
地圖
dìtú

名 地図

167 □
□
□
ジャオトン
交通
jiāotōng

名 交通
▪ 交通工具「交通機関」

168 □
□
□
ジンチャア
警察
jǐngchá

名 警察
▪ 警察局「警察署」

Zhè ge xiǎohái mílù le

這ㄓㄜˋ個˙ㄍㄜ小ㄒㄧㄠˇ孩ㄏㄞˊ**迷ㄇㄧˊ路ㄌㄨˋ**了˙ㄌㄜ。

この子は道に迷ってしまいました。

▶ 這個 039「この」 小孩 010「子ども」 了 134：語気助詞《状況の発生》

Wǒ zài qiánmiàn de lùkǒu děng nǐ

我ㄨㄛˇ在ㄗㄞˋ前ㄑㄧㄢˊ面ㄇㄧㄢˋ的˙ㄉㄜ**路ㄌㄨˋ口ㄎㄡˇ**等ㄉㄥˇ你ㄋㄧˇ。

正面の交差点であなたを待っています。

▶ 前面 105「前《方位詞》」 等 301「待つ」

Guò hónglǜdēng hòu yòu zhuǎn

過ㄍㄨㄛˋ**紅ㄏㄨㄥˊ綠ㄌㄩˋ燈ㄉㄥ**後ㄏㄡˋ右ㄧㄡˋ轉ㄓㄨㄢˇ。

信号を通過した後，右へ曲がってください。

▶ 過 133「通過する」 右轉「右へ曲がる」

Zhè tiáo xiàngzi tài àn le

這ㄓㄜˋ條ㄊㄧㄠˊ**巷ㄒㄧㄤˋ子˙ㄗ**太ㄊㄞˋ暗ㄢˋ了˙ㄌㄜ。

この路地は暗すぎます。

▶ 條：「道路」を数える時の量詞　太 +《形容詞》+ 了 423「～すぎる」

Nǐ dài dìtú lái le ma

你ㄋㄧˇ帶ㄉㄞˋ**地ㄉㄧˋ圖ㄊㄨˊ**來ㄌㄞˊ了˙ㄌㄜ嗎˙ㄇㄚ？

地図は持ってきましたか。

▶ 帶 +《対象》+ 去 114「《対象》を持ってくる」 了嗎 134「～しましたか」

Rìběn de jiāotōng hěn fāngbiàn

日ㄖˋ本ㄅㄣˇ的˙ㄉㄜ**交ㄐㄧㄠ通ㄊㄨㄥ**很ㄏㄣˇ方ㄈㄤ便ㄅㄧㄢˋ。

日本の交通はとても便利です。

▶ 很 421「とても」 方便 464「便利」

Zhè fùjìn yǒu jǐngchájú ma

這ㄓㄜˋ附ㄈㄨˋ近ㄐㄧㄣˋ有ㄧㄡˇ**警ㄐㄧㄥˇ察ㄔㄚˊ局ㄐㄩˊ**嗎˙ㄇㄚ？

この近くに警察署はありますか。

▶ 附近 101「近所」 有 127「～がある」

1回目	年　月　日	2回目	年　月　日	3回目	年　月　日	達成率
	／7		／7		／7	33 %

文法復習② 数字の読み方

数字	小字	拼音	読み仮名
0	零	líng	リン
1	一	yī	イ
2	二	èr	ア
3	三	sān	サン
4	四	sì	ス
5	五	wǔ	ウ
6	六	liù	リョウ
7	七	qī	チ
8	八	bā	バ
9	九	jiǔ	チョウ
10	十	shí	シ
100	一百	yìbǎi	イバイ
1000	一千	yìqiān	イチェン
10000	一萬	yíwàn	イワン
0.1	零點一	língdiǎn yī	リンディエン イ
0.01	零點零一	língdiǎn língyī	リンディエン リンイ

数字の読み方には，いくつかの決まりがあります。

● 2は3桁以上場合と数量詞の前では，"二ᵃ゙"の代わりに"**兩**゙ᵃ゙゙ (liǎng)"を使います。

200	2,000	2か月	2杯の水
liǎngbǎi 兩ᵃ゙ 百ᵇᵃ゙	liǎngqiān 兩ᵃ゙ 千ᵏᵘᵃ゙	liǎng ge yuè 兩ᵃ゙ 個ᵏゥᵉ 月ゆᵉ	liǎng bēi shuǐ 兩ᵃ゙ 杯ᵇᵉᵢ 水ゥᵉ

● 3桁以上の場合はすべて先頭に「一-」をつけて発音します。

100	1,000	10,000
yìbǎi 一-゙ 百ᵇᵃ゙	yìqiān 一-゙ 千ᵏゥᵃ゙	yíwàn 一-゙ 萬ゥᵃ゙

● 数字の中間に「10」がある場合は「一-」をつけて発音します。

111	119
yìbǎiyīshíyī 一-゙ 百ᵇᵃ゙ 一- 十ᵉ゙ 一-	yìbǎiyīshíjiǔ 一-゙ 百ᵇᵃ゙ 一- 十ᵉ゙ 九ᵏゃᵘ

● 中間に「0」がある場合は省略できません。

　例 一-゙ 千ᵏゥᵃ゙ 零ᵃ゙ᵉᵢ 一- 十ᵉ゙　(1010)

● 中間に「0」が欠けていない場合は最後の単位を省略できます。

　例 一-゙ 百ᵇᵃ゙ 一-[十ᵉ゙] (110)／一-゙ 千ᵏゥᵃ゙ 一-[百ᵇᵃ゙] (1,100)

● 中間に「0」が2つ以上続いていても「零ᵃ゙ᵉᵢ」は1回しか言いません。

　例 一-゙ 千ᵏゥᵃ゙ 零ᵃ゙ᵉᵢ 一-　(1,001)／一-゙ 萬ゥᵃ゙ 零ᵃ゙ᵉᵢ 一-　(10,001)

● "一-"は基本的に第1声ですが，大きい数字の先頭では変調します。
ただし，"十ᵉ゙"の前では第1声になります。

● 番号，日付，序数などは日本語と同じように1桁ずつ読みます。

169 □
□
□
ジエユン
捷運 <small>リせ リレ</small>
jiéyùn

名 都市高速鉄道（MRT），地下鉄

- 車<small>ゃ</small>票<small>ㄆㄠ</small>「乗車券」

---

170 □
□
□
チョージャン
車站 <small>ゃ ㄓㄢ</small>
chēzhàn

名 駅，乗り場

- 月<small>ㄩせ</small>台<small>ㄊㄞ</small>「プラットホーム」
- 車<small>ゃ</small>站<small>ㄓㄢ</small>前<small>ㄑㄧㄢ</small>「駅前」

---

171 □
□
□
ジャアヨウジャン
加油站 <small>ㄐㄧㄚ ㄧㄡ ㄓㄢ</small>
jiāyóuzhàn

名 ガソリンスタンド

---

172 □
□
□
クァイ
快 <small>ㄎㄨㄞ</small>
kuài

形 速い《速度》

---

173 □
□
□
マン
慢 <small>ㄇㄢ</small>
màn

形 遅い《速度》

---

174 □
□
□
ゲイ
給 <small>ㄍㄟ</small>
gěi

動 あげる，与える

介 〜に対して

- 給<small>ㄍㄟ</small>+A《対象》+B《物》「BをAにあげる」

---

175 □
□
□
バン
幫 <small>ㄅㄤ</small>
bāng

動 手伝う，手助けする

25

Jiéyùn lǐ bùnéng chī dōngxī
捷運 裡 不 能 吃 東 西 。

地下鉄で飲食をしてはいけません。

▶ 不能 394「〜できない」 吃東西「飲食する」

Cóng nǐ jiā dào chēzhàn yào duō jiǔ
從 你 家 到 車 站 要 多 久 ?

あなたの家から駅までどのくらいの時間がかかりますか。

▶ 從〜到…099「〜から…まで」 要 390「要る」 多久「どれくらいの時間」

Jiāyóuzhàn lí zhèlǐ yuǎn ma
加 油 站 離 這 裡 遠 嗎 ?

ガソリンスタンドはここから遠いですか。

▶ 離 +《場所》099「《場所》〜から」 這裡 039「ここ」

Tā chīde hěn kuài
他 吃 得 很 快 。

彼は走るのが速いです。

▶ 吃 201「食べる」《動詞》+ 得 +《様態補語》392

Zǒu màn yìdiǎn
走 慢 一 點 。

ゆっくり歩いてください。

▶ 走 095「歩く」《動詞》+ 慢一點 408「ゆっくり〜する」

Míngtiān kěyǐ dǎ diànhuà gěi nǐ ma
明 天 可 以 打 電 話 給 你 嗎 ?

明日あなたに電話していいですか。

▶ 明天 045「明日」 可以 393「〜できる」 打電話 259「電話する」

Wǒ bāng nín ná ba
我 幫 您 拿 吧 。

お持ちしましょうか。

▶ 拿 117「持つ」 吧 138：語気助詞《提案》

1回目	年 月 日 ／7	2回目	年 月 日 ／7	3回目	年 月 日 ／7	達成率 34 %

176
モトゥオチョ
摩托車
mótuōchē

名 バイク
- 騎摩托車「バイクに乗る」

177
ジャオタチョ
腳踏車
jiǎotàchē

名 自転車
- 騎腳踏車「自転車に乗る」

178
カイチョ
開車
kāichē

動 (車を)運転する
- 駕照「運転免許証」

179
ジチョンチョ
計程車
jìchéngchē

名 タクシー
- 司機「運転手」

180
ダ
搭
dā

動 (乗り物に)乗る

181
ゴンチョ
公車
gōngchē

名 市区バス
- 公車站「バス停」
- 客運「高速バス」

182
ガオティエ
高鐵
gāotiě

名 新幹線, 高速鉄道
- 火車便當「駅弁」

26

Wǒ qí mótuōchē qù jiē nǐ

我騎 摩托車 去接你。

バイクであなたを迎えに行きます。

▶ 去 +《動詞》093「～(し)に行く」 接 342「迎える」

Wǒ yǒu liǎng liàng jiǎotàchē

我有兩輛 腳踏車 。

自転車を2台持っています。

▶ 有 127「持っている」 輛：「自転車」を数える時の量詞

Méiyǒu jiàzhào bù kěyǐ kāichē

沒有駕照不可以 開車 。

運転免許なしでは運転できません。

▶ 沒有 128「～がない」 不可以 393「～できない」

Xiàyǔ le jiào jìchéngchē ba

下雨了， 叫 計程車 吧！

雨が降ってきたので，タクシーを呼びましょう。

▶ 下雨 278「雨が降る」 叫 122「呼ぶ」 吧 138：語気助詞《提案》

Nǐ dā jǐ diǎn de fēijī

你 搭 幾點的飛機？

あなたは何時に飛行機に乗りますか。

▶ 搭 180「搭乗する」 幾點 057「何時」

Wǒ jīntiān shì dā gōngchē lái de

我今天是搭 公車 來的。

今日はバスで来たのです。

▶ 今天 046「今日」 是～的 140：「過去の出来事《場所・時間など》」を強調する

Táiwān de gāotiě yòu kuài yòu shūfú

台灣的 高鐵 又快又舒服。

台湾の高速鉄道は速くて快適です。

▶ 又～又… 482「～でもあり…でもある」 舒服 333「快適だ」

183 □
□
□

カン
看_{ㄎㄢ}
kàn

動 見る；診察してもらう；
（声を出さずに本などを）読む
- 看_{ㄎㄢ}醫_ㄧ生_{ㄕㄥ}「医者に診てもらう」
- 動詞＋動詞＋看_{ㄎㄢ}「〜してみる」

184 □
□
□

ティン
聽_{ㄊㄧㄥ}
tīng

動 聞く

185 □
□
□

ディエンイン
電_{ㄉㄧㄢ}影_{ㄧㄥ}
diànyǐng

名 映画
- 電_{ㄉㄧㄢ}影_{ㄧㄥ}票_{ㄆㄧㄠ}「映画のチケット」

186 □
□
□

ディエンシ
電_{ㄉㄧㄢ}視_ㄕ
diànshì

名 テレビ
- 有線電視「ケーブルテレビ」

187 □
□
□

ガ
歌_{ㄍㄜ}
gē

名 歌
- 唱_{ㄔㄤ}（歌_{ㄍㄜ}）「（歌を）歌う」
- 一_ㄧ首_{ㄕㄡ}歌_{ㄍㄜ}「一曲の歌」

188 □
□
□

インユエ
音_{ㄧㄣ}樂_{ㄩㄝ}
yīnyuè

名 音楽

189 □
□
□

ケイティーヴィー
KTV
keitivi

名 カラオケ

27

Nǐ zài kàn shénme
你在 看 什麼？

何を見ていますか。

▶ 在 +《動詞》092「～している」 什麼 030「なに」

Wèishénme bù tīng māma de huà
為什麼不 聽 媽媽的話？

なぜママの言うことを聞かないの？

▶ 為什麼 032「なぜ」 媽媽 016「お母さん」 話 085「話」

Zuótiān kàn de diànyǐng zěnmeyàng
昨天看的 電影 怎麼樣？

昨日観た映画はどうでしたか。

▶ 昨天 046「昨日」 看 183「観る」 怎麼樣 036「どう」

Wǒ jiā méiyǒu yǒuxiàn diànshì
我家沒有 有線電視 。

私の家にはケーブルテレビがありません。

▶ 沒有 128「～がない」

Yìbiān xǐzǎo yìbiān chànggē
一邊洗澡一邊唱 歌 。

シャワーを浴びながら歌を歌っています。

▶ 一邊～一邊…「～しながら…する」 洗澡 290「シャワーを浴びる」

Wǒ bǐjiào xǐhuān rìběn liúxíng yīnyuè
我比較喜歡日本流行 音樂 。

私は割と J-POP が好きです。

▶ 比較 479「割と」 喜歡 223「好きだ」

Wǒ hàn péngyǒu zài keitivi chàng gē
我和朋友在 KTV 唱歌 。

私はカラオケで友人と歌っています。

▶ 和 403「～と」 朋友 012「友達」 唱歌 187「歌を歌う」

1回目	年 月 日 ／7	2回目	年 月 日 ／7	3回目	年 月 日 ／7	達成率 37 %

190
チョンシ

城彳ㄥ 市ㄕˋ

chéngshì

(名) 都市

191
シアンシア

郷ㄒㄧㄤ 下ㄒㄧㄚˋ

xiāngxià

(名) 田舎

192
マイ

買ㄇㄞˇ

mǎi

(動) 買う
- 賣ㄇㄞˋ「売る」
- 買ㄇㄞˇ東ㄉㄨㄥ西ㄒㄧ「買い物をする」

193
ディエン

店ㄉㄧㄢˋ

diàn

(名) 店
- 便ㄅㄧㄢˋ利ㄌㄧˋ商ㄕㄤ店ㄉㄧㄢˋ「コンビニ」

194
ツァンティン

餐ㄘㄢ 廳ㄊㄧㄥ

cāntīn

(名) レストラン
- 結ㄐㄧㄝˊ帳ㄓㄤˋ「勘定する」
- 發ㄈㄚ票ㄆㄧㄠˋ「レシート」
- 速ㄙㄨˋ食ㄕˊ店ㄉㄧㄢˋ「ファーストフード店」

195
チャオシ

超ㄔㄠ 市ㄕˋ

chāoshì

(名) スーパー（マーケット）
- 試ㄕˋ吃ㄔ「試食」

196
バイフオゴンス

百ㄅㄞˇ 貨ㄏㄨㄛˋ 公ㄍㄨㄥ 司ㄙ

bǎihuògōngsī

(名) デパート

28

Dài chéngshì de jiāotōng hěn fāngbiàn

大 [城 市] 的 交 通 很 方 便 。

大都市の交通は非常に便利です。

▶ 很 **421**「とても」 方便 **464**「便利」

Xiāngxià de fēngjǐng fēicháng měi

[郷 下] 的 風 景 非 常 美 。

田舎の風景は美しいです。

▶ 非常 **422**「非常に」 美 **458**「美しい」

Diànyǐngpiào yǐjīng mǎi le ma

電 影 票 已 經 [買] 了 嗎 ？

映画のチケットはもう買いましたか。

▶ 電影票 **185**「映画のチケット」 已經 **495**「すでに」

Gēge cháng zài zǎocān diàn chī zǎofàn

哥 哥 常 在 早 餐 [店] 吃 早 飯 。

兄はよく朝食屋で食べます。

▶ 哥哥 **017**「兄」 吃 **201**「食べる」 早飯 **197**「朝食」

Tīngshuō nà jiā cāntīng hěn yǒumíng

聽 說 那 家 [餐 廳] 很 有 名 。

あのレストランはとても有名だと聞きました。

▶ 聽說 **488**「～だと聞いた」

Duìmiàn yǒu yì jiā chāoshì

對 面 有 一 家 [超 市] 。

向かいにはスーパーがあります。

▶ 對面 **106**「向かい」 有 **127**「～がある」 家：「店」を数える時の量詞

Xià zhōumò bǎihuògōngsī yǒu dà pāimài

下 週 末 [百 貨 公 司] 有 大 拍 賣 。

来週末デパートでバーゲンセールが行われます。

▶ 下週末 **049**「来週末」 大拍賣「大売り出し」

1回目	年 月 日 ／7	2回目	年 月 日 ／7	3回目	年 月 日 ／7	達成率 **39 %**

197 ☐
☐
☐
ザオファン
早飯
zǎofàn

名 朝食
- 午飯「昼食」
- 晩飯「夕食」

198 ☐
☐
☐
ミェンバオ
麺包
miànbāo

名 パン

199 ☐
☐
☐
ファン
飯
fàn

名 飯
- 一碗飯「一杯のご飯」
- 咖哩飯「カレーライス」
- 飯後「食後」

200 ☐
☐
☐
ミェン
麺
miàn

名 麺類
- 泡麺「即席めん」
- 拉麺「ラーメン」

201 ☐
☐
☐
チ
吃
chī

動 食べる
- 小吃「軽食」

202 ☐
☐
☐
ホ
喝
hē

動 飲む

203 ☐
☐
☐
インリァオ
飲料
yǐnliào

名 飲料
- 咖啡「コーヒー」

29

Wǒ hái méi chī zǎofàn

我還沒吃 [早飯] 。

今日は朝食をまだ食べていません。

▶ 還沒 +《動詞》480「まだ～していない」

Biànlìshāngdiàn de miànbāo yě hěn hǎochī

便利商店的 [麵包] 也很好吃 。

コンビニのパンもおいしいです。

▶ 便利商店 193「コンビニ」 也 493「～も」 好吃 221「おいしい」

Yìndù de kālǐfàn bǐ rìběn de là

印度的 [咖哩飯] 比日本的辣 。

インドのカレーライスは日本より辛（から）いです。

▶ 印度「インド」 A 比 B+《形容詞》478「A より B が～だ」 辣 228「辛い」

Lái rìběn de huà yídìng yào chī lāmiàn a

來日本的話，一定要吃 [拉麵] 啊 。

日本に来たら，必ずラーメンを食べないとね。

▶ ～的話「～なら」 一定 397「必ず」 啊 135：語気助詞《催促》

Nǐ chīchī kàn wǒ zuò de cài

你 [吃吃] 看我做的菜 。

私が作った料理をちょっと食べてみてください。

▶《動詞》+《動詞》+ 看 183「～してみる」 做 302「作る」 菜 208「料理」

Wǒ shénme yě méi hē

我什麼也沒 [喝] 。

私は何も飲んでいません。

▶ 什麼也沒 +《動詞》「何もしていない」

Wǒ zuì xǐhuān de yǐnliào shì nǎichá

我最喜歡的 [飲料] 是奶茶 。

私が一番好きな飲み物はミルクティーです。

▶ 最 484「一番」 奶茶 204「ミルクティー」

1回目	年 月 日 ／7	2回目	年 月 日 ／7	3回目	年 月 日 ／7	達成率 **40 %**

204
チャア
茶 ㄔㄚˊ
chá

名 茶
- 綠茶 「緑茶」
- 奶茶 「ミルクティー」
- 烏龍茶 「ウーロン茶」

205
シュイ
水 ㄕㄨㄟˇ
shuǐ

名 水

206
ジゥ
酒 ㄐㄧㄡˇ
jiǔ

名 酒
- 啤酒 「ビール」
- 酒精 「アルコール」

207
シュイグオ
水果 ㄕㄨㄟˇㄍㄨㄛˇ
shuǐguǒ

名 果物
- 果汁 「ジュース」
- 芒果 「マンゴー」

208
ツァイ
菜 ㄘㄞˋ
cài

名 野菜；緑茶, おかず
- 拿手菜 「得意料理」
- 青菜 「野菜」
- 做菜 「料理を作る」

209
ロウ
肉 ㄖㄡˋ
ròu

名 肉
- 豬肉 「豚肉」
- 雞肉 「鶏肉」
- 牛肉麵 「ニューローメン」

210
ユイ
魚 ㄩˊ
yú

名 魚
- 鮪魚 「マグロ」
- 生魚片 「刺身」

30

Táiwān de wūlóngchá hěn xiāng
台灣的〔烏龍茶〕很香。

台湾のウーロン茶はいい香りがします。

▶ 很 421「とても」 香 225「香りがよい」

Yùndòng hòu yào duō hē shuǐ
運動後要多喝〔水〕。

運動後はたくさん水を飲むことです。

▶ 要 391「～しなければならない」 多 448 +《動詞》「多めに～する」

Nǐ huì hē jiǔ ma
你會喝〔酒〕嗎？

お酒を飲めますか。

▶ 會 395「～できる」 喝 202「飲む」

Xiàtiān de shuǐguǒ dōu hěn tián
夏天的〔水果〕都很甜。

夏の果物は全部甘いです。

▶ 都 494「全部」 甜 227「甘い」

Nǐ de náshǒucài shì shénme
你的〔拿手菜〕是什麼？

あなたの得意料理は何ですか。

▶ 做 302「作る」

Niúròumiàn yǒu yìdiǎn là
〔牛肉麵〕有一點辣。

牛肉麵はちょっと辛いです。

▶ 有一點 +《形容詞》409「少し～だ」

Táiwānrén yě hěn ài chī shēngyúpiàn
台灣人也很愛吃〔生魚片〕。

台湾人も刺身（を食べるの）が大好きです。

▶ 很愛 476「大好きだ」 吃 201「食べる」

| 1回目 | 年 月 日 ／7 | 2回目 | 年 月 日 ／7 | 3回目 | 年 月 日 ／7 | 達成率 41 % |

211
ワイダイ

外带
$^{ㄨ\ㄞ}$ $^{ㄉ\ㄞ}$

wàidài

動 テイクアウト, お持ち帰り

212
ネヨン

内用
$^{ㄋ\ㄟ}$ $^{ㄩ\ㄥ}$

nèiyòng

動 店内で飲食 (イートイン) する

213
ア

饿
^{ㄜ}

è

形 お腹が空く

214
バオ

饱
$^{ㄅ\ㄠ}$

bǎo

形 お腹がいっぱいだ

215
ヨウミン

有名
$^{\ㄧ\ㄡˇ}$ $^{ㄇ\ㄧㄥˊ}$

yǒumíng

形 有名だ

216
シアオチ

小吃
$^{ㄒ\ㄧㄠˇ}$ ^{ㄔ}

xiǎochī

名 軽食, B級グルメ《屋台などで
食べられる手軽な料理》

217
チンカ

请客
$^{ㄑ\ㄧㄥˇ}$ $^{ㄎ\ㄜˋ}$

qǐngkè

動 おごる；ごちそうする

31

Zhè ge cài kěyǐ wàidài ma
這個菜可以[外帶]嗎？

この料理はテイクアウトできますか。

▶ 這個 039「この」 可以 393「～できる」 嗎 137：語気助詞《疑問》

Wǒ xiǎng nèiyòng háiyǒu wèizi ma
我想[內用]，還有位子嗎？

店内で食べたいのですが，席はまだ空いていますか。

▶ 想 388「～したい」 還 480「まだ」 位子「席」

Nǐ è le ma
你[餓]了嗎？

お腹が空きましたか。

▶ 了嗎 134「～しましたか」

Wǒ chī bǎo le
我吃[飽]了。

お腹いっぱいになりました。

▶ 了 134：語気助詞《状態の変化》

Zhè shǒu gē zài táiwān fēicháng yǒumíng
這首歌在台灣非常[有名]。

この歌は台湾で非常に有名です。

▶ 首：「歌」を数える時の量詞 在 092「～で《場所》」

Nǐ zuìài de táiwān xiǎochī shì shénme
你最愛的台灣[小吃]是什麼？

台湾の軽食で一番好きなものは何ですか。

▶ 最愛 484「一番好きだ」 什麼 030「なに」

Jīntiān shì nǐ de shēngrì suǒyǐ wǒ qǐngkè
今天是你的生日，所以我[請客]。

今日はあなたの誕生日なので，私がおごります。

▶ 今天 046「今日」 生日 310「誕生日」 所以 034「だから」

218

クァイズ

筷子

kuàizi

名 お箸
- 刀子「ナイフ」
- 叉子「フォーク」

219

タンチ

湯匙

tāngchí

名 ちりれんげ, スプーン

220

ウェイションズ

衛生紙

wèishēngzhǐ

名 ティッシュペーパー

221

ハオチ

好吃

hǎochī

形 (食べ物が)おいしい

222

ナンチ

難吃

nánchī

形 (食べ物が)まずい

223

シホァン

喜歡

xǐhuān

動 好む, 好きだ
喜歡+動詞「~するのが好きだ」

224

タオイェン

討厭

tǎoyàn

動 嫌う, 嫌がる
形 嫌だ, 嫌いだ

76

32

Tā de xiǎohái hái búhuì yòng kuàizi
她ㄊㄚ 的ㄉㄜ 小ㄒㄧㄠ 孩ㄏㄞˊ 還ㄏㄞˊ 不ㄅㄨˋ 會ㄏㄨㄟˋ 用ㄩㄥˋ 筷ㄎㄨㄞˋ子ㄗ 。

彼女の子どもはまだ箸を使えません。

▶ 小孩 010「子ども」 不會 395「～できない」 用 386「使う」

Yǒu dà yìdiǎn de tāngchí ma
有ㄧㄡˇ 大ㄉㄚˋ 一ㄧ 點ㄉㄧㄢˇ 的ㄉㄜ 湯ㄊㄤ 匙ㄔˊ 嗎ㄇㄚ？

もっと大きいスプーンはありますか。

▶ 有 127「～がある」 一點 408「少し」

Qǐng gěi wǒ yì zhāng wèishēngzhǐ
請ㄑㄧㄥˇ 給ㄍㄟˇ 我ㄨㄛˇ 一ㄧ 張ㄓㄤ 衛ㄨㄟˋ生ㄕㄥ紙ㄓˇ 。

ティッシュペーパーを 1 枚ください。

▶ 請 382「どうぞ」 張：「平たいもの」を数える時の量詞

Kànqǐlái hěn hǎochī
看ㄎㄢˋ 起ㄑㄧˇ 來ㄌㄞˊ 很ㄏㄣˇ 好ㄏㄠˇ吃ㄔ 。

おいしそうです。

▶ 看起來 500「見たところ」 很 421「とても」

Nà jiā cāntīng de cài tài nánchī le
那ㄋㄚˋ 家ㄐㄧㄚ 餐ㄘㄢ 廳ㄊㄧㄥ 的ㄉㄜ 菜ㄘㄞˋ 太ㄊㄞˋ 難ㄋㄢˊ吃ㄔ 了ㄌㄜ 。

あのレストランの料理はまずすぎます。

▶ 餐廳 194「レストラン」 菜 208「料理」 太 +《形容詞》+ 了 423「～すぎる」

Wǒ xǐhuān zài jiā zuòcài
我ㄨㄛˇ 喜ㄒㄧ歡ㄏㄨㄢ 在ㄗㄞˋ 家ㄐㄧㄚ 做ㄗㄨㄛˋ 菜ㄘㄞˋ 。

私は家で料理を作るのが好きです。

▶ 在 092「～で《場所》」 做菜 208「料理を作る」

Tā zuì tǎoyàn xiāngcài
她ㄊㄚ 最ㄗㄨㄟˋ 討ㄊㄠˇ厭ㄧㄢˋ 香ㄒㄧㄤ菜ㄘㄞˋ 。

彼女はパクチーが一番嫌いです。

▶ 她 005「彼女」 最 484「一番」 香菜「パクチー」

225 □ □ □
シァン
香 _{T-
尢}
xiāng

[形] 香りがよい；
（食べ物の）味がよい

226 □ □ □
チョウ
臭 _{イヌ}
chòu

[形] 臭い

227 □ □ □
ティエン
甜 _{た-
ワ}
tián

[形] 甘い

228 □ □ □
ラ
辣 _{カ、
イ}
là

[形] 辛（から）い

229 □ □ □
イェンスァ
顔 _{-ワ} 色 _{ムセ}
yánsè

[名] 色

230 □ □ □
ホン
紅 _{厂
Xム}
hóng

[形] 赤い

231 □ □ □
バイ
白 _{ㄅ
ㄞ}
bái

[形] 白い

33

Zhè jiān fángjiān hěn xiāng
這間 房間 很 [香] 。

この香水はいい香りがします。

▶ 間 286「部屋」を数える時の量詞　房間 286「部屋」

Bàba de wàzi chòude bùdéliǎo
爸爸 的 襪子 [臭] 得 不 得 了 。

パパの靴下は臭すぎます。

▶ 爸爸 015「お父さん」　襪子 367「靴下」《形容詞》+ 得不得了「～でたまらない」

Táiwān de mángguǒ yòu tián yòu hǎo chī
台灣 的 芒果 又 [甜] 又 好 吃 。

台湾のマンゴーは甘くておいしいです。

▶ 芒果 207「マンゴー」　又～又…482「～でもあり…でもある」　好吃 221「おいしい」

Hánguó cài yǒudiǎn là
韓國 菜 有點 [辣] 。

韓国料理は少し辛（から）いです。

▶ 菜 208「料理」　有點 +《形容詞》409「少し～だ」

Nǐ xǐhuān shénme yánsè ne
你 喜歡 什麼 [顏色] 呢 ?

あなたは何色が好きですか。

▶ 喜歡 223「好きだ」　呢 139：語気助詞《疑問》

Zhè hóngjiǔ kànqǐlái hěn guì
這 [紅酒] 看 起 來 很 貴 。

この赤ワインは高そうです。

▶ 看起來 500「見たところ」　貴 473「（値段が）高い」

Wǒ yǒu hěn duō bái tóufà
我 有 很 多 [白] 頭 髮 。

私は白髪が多いです。

▶ 有 127「～がある」　頭髮「髪の毛」

232 □□□ ツ
次ち
cì

量 ～回

- 幾次「何回」
- 這次「今回」
- 上次「前回」／下次「次回」

233 □□□ ガ
個さ
ge

量 ～個

- 専用量詞がない名詞に用いるほか，人にも使う

234 □□□ ジョン
種ジ
zhǒng

量 ～種，種類

- 生物・事物を数える

235 □□□ スイ
歳スイ
suì

量 ～歳

- 大＋数字＋歳「～歳上だ」
- 小＋数字＋歳「～歳下だ」

236 □□□ ウェイ
位ス
wèi

量 ～名様《敬意をもって人を数える》

- 呼びかけにも用いる
- 這位先生「こちらの方（男性）」
- 這位小姐「こちらの方（女性）」

237 □□□ ゴンジン
公斤リ
gōngjīn

量 キログラム

- 公克「グラム」

238 □□□ ゴンチ
公尺チ
gōngchǐ

量 メートル

- 公分「センチメートル」
- 公里「キロメートル」

34

Nǐ qù guò jǐ cì táiwān
你去過 幾次 台灣？

あなたは台湾に何回行ったことがありますか。

▶《動詞》+ 過 133「～したことがある」

Nǐ rènshi nà ge rén ma
你認識那 個 人嗎？

あの男を知っていますか。

▶ 認識 126「見知っている」 那 040「あの」

Wǒ xiǎng mǎi zhè zhǒng zhàoxiàngjī
我想買這 種 照相機 。

この種類のカメラを買いたいです。

▶ 想 388「～したい」 買 192「買う」 照相機 361「カメラ」

Cāicai kàn wǒ jǐ suì
猜猜看我幾 歲 ？

私が何歳か当ててみて。

▶ 猜「推測する」 動詞》+《動詞》+ 看 183「～してみる」

Qǐng wèn jǐ wèi
請問幾 位 ？

何名様でしょうか。

▶ 請問 124「すみませんが～《問い掛け》」

Zuìjìn pàng le wǔ gōngjīn
最近胖了五 公斤 。

最近5キロ太りました。

▶ 胖「太る」 了 134：語気助詞《状態の変化》

Yì fēnzhōng néng pǎo duōshǎo gōngchǐ
一分鐘能跑多少 公尺 ？

1分で何メートル走れますか。

▶《数字》＋分鐘 058「～分」 能 394「～できる」 多少 042「どれくらい」

---

239 □
□
□
シャンバン
上_{ア
オ}班_{ウ
ワ}
shàngbān

動 出勤する
- 下_{ㄒ
一
Y}班_{ㄅ
ㄢ}「退勤する」
- 加_{ㄐ
Y}班_{ㄅ
ㄢ}「残業する」

240 □
□
□
ゴンズオ
工_{ㄍ
ㄨ
ㄥ}作_{ㄗ
ㄨ
ㄛ}
gōngzuò

動 働く, 仕事する
名 仕事
- 工_{ㄍ
ㄨ
ㄥ}作_{ㄗ
ㄨ
ㄛ}人_{ㄖ
ㄣ}員_{ㄩ
ㄢ}「スタッフ」

241 □
□
□
ダカ
打_{ㄉ
Y}卡_{ㄎ
Y}
dǎkǎ

動 タイムカードを押す

242 □
□
□
チュウチャア
出_{ㄔ
ㄨ}差_{ㄔ
ㄞ}
chūchāi

動 出張する

243 □
□
□
カイホイ
開_{ㄎ
ㄞ}會_{ㄏ
ㄨ
ㄟ}
kāihuì

動 会議[ミーティング]する

244 □
□
□
ズリャオ
資_ㄗ料_{ㄌ
一
ㄠ}
zīliào

名 資料

245 □
□
□
ジュンシ
準_{ㄓ
ㄨ
ㄣ}時_ㄕ
zhǔnshí

形 時間どおりだ

35

搭ㄉㄚ 公ㄍㄨㄥ 車ㄔㄜ 上ㄕㄤ 班ㄅㄢ 。
バスに乗って仕事に行きます。

▶ 搭 180「乗る」 公車 181「バス」

每ㄇㄟ 天ㄊㄧㄢ 工ㄍㄨㄥ 作ㄗㄨㄛ 八ㄅㄚ 個ㄍㄜ 小ㄒㄧㄠ 時ㄕ 。
1日8時間働きます。

▶ 每天 046「毎日」 小時 059「〜時間」

我ㄨㄛ 今ㄐㄧㄣ 天ㄊㄧㄢ 早ㄗㄠ 上ㄕㄤ 忘ㄨㄤ 了ㄌㄜ 打ㄉㄚ 卡ㄎㄚ 。
今朝タイムカードを押すのを忘れました。

▶ 今天 046「今日」 早上 050「朝」 忘 262「忘れる」

下ㄒㄧㄚ 個ㄍㄜ 月ㄩㄝ 去ㄑㄩ 紐ㄋㄧㄡ 約ㄩㄝ 出ㄔㄨ 差ㄔㄞ 五ㄨ 天ㄊㄧㄢ 。
来月ニューヨークに5日間出張します。

▶ 下個月 044「来月」 紐約「ニューヨーク」

我ㄨㄛ 不ㄅㄨ 知ㄓ 道ㄉㄠ 今ㄐㄧㄣ 天ㄊㄧㄢ 要ㄧㄠ 開ㄎㄞ 會ㄏㄨㄟ 。
今日会議があるとは知りませんでした。

▶ 不知道 125「知らない」 要 390「〜しなければならない」

我ㄨㄛ 正ㄓㄥ 在ㄗㄞ 整ㄓㄥ 理ㄌㄧ 資ㄗ 料ㄌㄧㄠ 。
私は資料を整理しています。

▶ 正在 +《動詞》「〜しているところだ」

請ㄑㄧㄥ 準ㄓㄨㄣ 時ㄕ 到ㄉㄠ 。
時間どおりに来てください。

▶ 請 382「どうぞ」 到 100「着く」

| 1回目 | 年 月 日 ／7 | 2回目 | 年 月 日 ／7 | 3回目 | 年 月 日 ／7 | 達成率 48 % |

83

246
ゴンス

公司

gōngsī

名 会社

247
トンシ

同事

tóngshì

名 同僚

248
シャンス

上司

shàngsī

名 上司

249
ラオバン

老闆

lǎobǎn

名 経営者, 社長, 店主

250
カレン

客人

kèrén

名 客

251
バンゴンシ

辦公室

bàngōngshì

名 オフィス, 事務室

252
シンシュイ

薪水

xīnshuǐ

名 給与
- 時薪「時給」

36

Wǒ bìyè hòu xiǎng zài diànnǎo gōngsī gōngzuò
我畢業後，想在電腦 公司 工作。

私は卒業後，コンピュータ会社に就職したいです。

▶ 畢業 064「卒業する」 電腦 255「コンピュータ」 工作 240「仕事する」

Zhōngwǔ gēn tóngshì yìqǐ chīfàn
中午跟 同事 一起吃飯。

お昼に同僚と一緒に食事をします。

▶ 中午 052「昼」 跟 404「～と」 一起 405「一緒に」

Wǒ de shàngsī rén hěn hǎo
我的 上司 人很好。

私の上司はとても優しいです。

▶ 很 421「とても」 好 476「よい」

Nǐ de lǎobǎn shì nán de háishì nǚ de
你的 老闆 是男的還是女的？

あなたの社長は男性ですか，女性ですか。

▶ 男的 013「男性」 A 還是 B 480「A か B か」 女的 013「女性」

Zhōumò gēn kèrén dǎ gāoěrfūqiú
週末跟 客人 打高爾夫球。

週末はお客さんとゴルフをします。

▶ 打「(球技を) する」 高爾夫球「ゴルフ」

Tāmen zài bàngōngshì kāihuì
他們在 辦公室 開會。

彼らはオフィスで会議をしています。

▶ 他們 006「彼ら」 在 092「～で《場所》」 開會 243「会議する」

Zhè ge yuè de xīnshuǐ dōu huā guāng le
這個月的 薪水 都花光了。

今月の給料は使い果たしてしまいました。

▶ 這個月 044「今月」 花光「使い果たす」

| 1回目 | 年 月 日 ／7 | 2回目 | 年 月 日 ／7 | 3回目 | 年 月 日 ／7 | 達成率 50 % |

文法復習③　否定の表現／量詞

　“不_{ぶー}”と“没_{メイ}有_{ユー}”はいずれも否定を意味しますが，意味に違いがあり，使用できる場面が異なるのでしっかり理解しておかないといけません。

「不」の場合　「不＋動詞／助動詞／形容詞／副詞」

① 意志上の否定

例 Wǒ bù jiéhūn
　　我 不 結 婚 。（私は結婚しません）

② 経常的な行為・習慣の否定

例 Tā wǎnshàng bù hē kāfēi
　　他 晚 上 不 喝 咖 啡 。

（彼は夜，コーヒーを飲みません）

③ 未来のことの否定

例 Míngtiān bú xiàyǔ
　　明 天 不 下 雨 。（明日は雨が降りません）

「没」の場合　「没＋動詞」

① 現在の状態の否定

例 Wǒ hái méi jiéhūn
　　我 還 没 結 婚 。（私はまだ結婚していません）

② 経験の否定

例 Tā méi qù guò Měiguó
　　他 没 去 過 美 國 。

（彼はアメリカに行ったことがありません）

③ 過去のことの否定

例 Zuótiān méi xiàyǔ
　　昨 天 没 下 雨 。（昨日は雨が降りませんでした）

● 動詞“有_{ユー}”の否定は“没_{メイ}有_{ユー}”，動詞“是_{シー}”の否定は“不_{ぶー}是_{シー}”です。

● 知覚・感情の動詞と普通の形容詞に使えるのは“不_{ぶー}”です。

例 bù zhīdào
　　不 知 道 ○（没 知 道 ×）
　　bù hǎochī
　　不 好 吃 ○（没 好 吃 ×）

● 形容詞によって状態の変化は "没ౖ" で否定します。

例 感ﾝ冒ﾏ還ﾊ没ﾒ好ﾊ。（風邪がまだよくなりません）
　Gǎnmào　hái　méi　hǎo

まとめて覚えよう―量詞

量詞		特徴・よく使われる名詞の用例
個ﾝ	ge ガ	最も使われている量詞・抽象的なもの（人，時間，物語）
張ﾝ	zhāng ジャン	平らな面を持つもの（紙，写真，ベッド）
本ﾝ	běn ベン	書籍（辞書，雑誌）
包ﾝ	bāo バオ	包んだもの・袋に入ったもの（レトルト食品）
套ﾝ	tào タオ	セットになったもの（スーツ，茶器）
件ﾝ	jiàn ジェン	衣類服系・事柄（服，事）
根ﾝ	gēn ゲン	細い棒状のもの（綿棒，爪楊枝）
雙ﾝ	shuāng シュアン	対になっているもの（箸，靴，手袋）
台ﾝ	tái タイ	機械・設備（パソコン，冷蔵庫，扇風機）
輛ﾝ	liàng リァン	乗り物（車，バイク，自転車）
塊ﾝ	kuài クァイ	塊状のもの（石，ケーキ）
片ﾝ	piàn ピェン	スライスしたもの（トースト，ハム）
條ﾝ	tiáo ティアオ	細長いもの（道，川，ズボン）
隻ﾝ	zhī ジー	小動物（犬，猫，鳥）
家ﾝ	jiā ジャア	会社，工場，店（コンビニ，スーパー）
間ﾝ	jiān ジェン	部屋（浴室，リビングルーム）

● 基本形：数詞＋量詞＋名詞　（一張紙）

253 ☐
☐
☐
ショウジ
手機
shǒujī

名 携帯電話
- 智慧型手機「スマホ」

254 ☐
☐
☐
ディエンホアハオマ
電話號碼
diànhuàhàomǎ

名 電話番号

255 ☐
☐
☐
ディエンナオ
電腦
diànnǎo

名 パソコン, コンピュータ
- 平板電腦「タブレット」

256 ☐
☐
☐
シャンワン
上網
shàngwǎng

動 インターネットに接続する
- 線上「オンライン」

257 ☐
☐
☐
シァザイ
下載
xiàzǎi

動 ダウンロードする

258 ☐
☐
☐
ワンル
網路
wǎnglù

名 インターネット

259 ☐
☐
☐
ディエンホア
電話
diànhuà

名 電話
- 打電話「電話をかける」
- 接電話「電話に出る」
- 掛電話「電話を切る」

37

Zhìhuìxíng shǒujī hěn fāngbiàn

智慧型[手機]很方便。

スマホはとても便利です。

▶ 方便 464「便利だ」

Nǐ zhīdào tā de diànhuà hàomǎ ma

你知道他的[電話號碼]嗎？

彼の電話番号を知っていますか。

▶ 知道 125「知る」 嗎 137：語気助詞《疑問》

Nǐ huì yòng diànnǎo ma

你會用[電腦]嗎？

あなたはパソコンを使えますか。

▶ 會 395「〜できる」 用 386「使う」

Shǒujī huài le suǒyǐ bùnéng shàngwǎng

手機壞了，所以不能[上網]。

携帯電話が壊れているので，インターネットにアクセスできません。

▶ 壞 475「壊れる」 所以 034「だから」 不能 394「〜できない」

Zěnme xiàzǎi zhàopiàn

怎麼[下載]照片？

どうやって写真をダウンロードしますか。

▶ 怎麼 035「どうやって」 照片 363「写真」

Wǒ jiā de wǎnglù màndé bùdéliǎo

我家的[網路]慢得不得了。

私の家のネットワークは遅くてたまりません。

▶《形容詞》+ 得不得了「〜でたまらない」

Nǐ zài dǎ diànhuà gěi shuí ne

你在打[電話]給誰呢？

あなたは誰に電話していますか。

▶ 在 092 +《動詞》「〜している」 給 174「〜に対して」

260 □
□
□
マン
忙ⁿᵒ
máng

形 忙しい

動 ばたばたする

261 □
□
□
レイ
累ⁿᵉ
lèi

形 疲れている

262 □
□
□
ワン
忘ⁿᵃⁿᵍ
wàng

動 忘れる

263 □
□
□
ジホイ
機ⁿⁱ 會ⁿᵉ
jīhuì

名 機会, チャンス

264 □
□
□
ダスアン
打ⁿᵃʸ算ⁿᵘᵃⁿ
dǎsuàn

動 ～するつもりだ

名 考え, 意図

265 □
□
□
シ
試ⁿ
shì

動 試す

266 □
□
□
ジュエディン
決ⁿᵘᵉ定ⁿⁱⁿ
juédìng

動 決定する, 決める

38

聽說 她 最近 很 忙。
Tīngshuō tā zuìjìn hěn máng

彼女は最近忙しいと聞きました。

▶ 聽說 488「〜だと聞いた」 很 421「とても」

我 今天 很 累，下次 吧。
Wǒ jīntiān hěn lèi xiàcì ba

今日はとても疲れたから，また今度ね。

▶ 下次 232「次回」 吧 138：語気助詞《提案》

差點 忘 了 打 電話 給 老闆。
Chàdiǎn wàng le dǎ diànhuà gěi lǎobǎn

社長に電話するのを忘れるところでした。

▶ 差點 407「ほとんど」 忘 262「忘れる」 老闆 249「社長」

請 再 給 我 一次 機會。
Qǐng zài gěi wǒ yí cì jīhuì

もう一度チャンスをください。

▶ 請 382「どうぞ」 再 483「また」 給 174「与える」

爸爸 打算 帶 全家 去 旅行。
Bàba dǎsuàn dài quánjiā qù lǚxíng

父は家族全員を旅行に連れて行くつもりです。

▶ 帶 +《対象》+ 去 114「《対象》を連れていく」 全家 028「家族全員」

可以 試試 看 嗎？
Kěyǐ shìshì kàn ma

試してもいいですか。

▶ 可以 393「〜できる」《動詞》+《動詞》+ 看 183「〜してみる」

我 還沒 決定。
Wǒ háiméi juédìng

まだ決めていません。

▶ 還沒 +《動詞》480「まだ〜していない」

1回目	年 月 日 /7	2回目	年 月 日 /7	3回目	年 月 日 /7	達成率 53 %

267
ジュウ

住 ㄓㄨˋ

zhù

動 住む

- 住 ㄓㄨˋ 在 ㄗㄞˋ ＋ 場所「〜に住む」

268
ファンディエン

飯 ㄈㄢˋ 店 ㄉㄧㄢˋ

fàndiàn

動 ホテル

269
フォンジン

風 ㄈㄥ 景 ㄐㄧㄥˇ

fēngjǐng

名 風景

270
タンレンファン

單 ㄉㄢ 人 ㄖㄣˊ 房 ㄈㄤˊ

dānrénfáng

名 シングルルーム

- 雙 ㄕㄨㄤ 人 ㄖㄣˊ 房 ㄈㄤˊ「ダブルルーム」
- 三 ㄙㄢ 人 ㄖㄣˊ 房 ㄈㄤˊ「トリプルルーム」

271
リュシン

旅 ㄌㄩˇ 行 ㄒㄧㄥˊ

lǚxíng

名 旅行

272
ユエ

約 ㄩㄝ

yuē

動 約束する；（人を）誘う

- 約 ㄩㄝ 會 ㄏㄨㄟˋ「デートする」

273
ツァングァン

參 ㄘㄢ 觀 ㄍㄨㄢ

cānguān

動 見学する

39

Qùnián wǒ zài rìběn zhù le liǎng ge yuè

去年 我 在 日本 住 了 兩 個 月 。

私は去年，日本に2か月住んでいました。

▶ 在 092「～で《場所》」《数字》+個月 044「～か月」

Wǒ lèi le xiān huí fàndiàn

我 累 了 ， 先 回 飯店 。

私は疲れたので，先にホテルに戻ります。

▶ 累 261「疲れる」 先 496「先に」 回「帰る」

Táiwān zuì měi de fēngjǐng zài nǎlǐ

台灣 最 美 的 風景 在 哪裡 ？

台湾で一番美しい風景はどこですか。

▶ 最 484「一番」 在 092「～《場所》にある」 哪裡 038「どこ」

Dānrénfáng yì wǎn duōshǎoqián

單人房 一 晚 多少錢 。

シングルルームは1泊おいくらですか。

▶ 一晚「1泊」 多少錢 042「いくら」

Shǔjià xiǎng qù nǎlǐ lǚxíng

暑假 想 去 哪裡 旅行 ？

夏休みはどこへ旅行に行きたいですか。

▶ 暑假 084「夏休み」 去 +《場所》+《動詞》093「《場所》に～しに行く」

Xiǎng yuē tā qù hǎibiān

想 約 她 去 海邊 。

彼女を海に誘いたいです。

▶ 想 388「～したい」 海邊「海辺」

Kěyǐ cānguān nǐ de xuéxiào ma

可以 參觀 你的 學校 嗎 ？

あなたの学校を見学することはできますか。

▶ 可以 393「～できる」 嗎 137：語気助詞《疑問》

| 1回目 | 年 月 日 ／7 | 2回目 | 年 月 日 ／7 | 3回目 | 年 月 日 ／7 | 達成率 54 % |

93

274
ジジエ
季ㄐㄧˋ節ㄐㄧㄝˊ
jìjié

名 季節

275
チュンティエン
春ㄔㄨㄣ天ㄊㄧㄢ
chūntiān

名 春
- 夏ㄒㄧㄚˋ天ㄊㄧㄢ「夏」

276
チィウティエン
秋ㄑㄧㄡ天ㄊㄧㄢ
qiūtiān

名 秋
- 冬ㄉㄨㄥ天ㄊㄧㄢ「冬」

277
タイフォン
颱ㄊㄞˊ風ㄈㄥ
táifēng

名 台風

278
シァユイ
下ㄒㄧㄚˋ雨ㄩˇ
xiàyǔ

動 雨が降る
- 雨ㄩˇ停ㄊㄧㄥˊ了ㄌㄜ「雨が止んだ」
- 下ㄒㄧㄚˋ雪ㄒㄩㄝˇ「雪が降る」

279
ティエンチ
天ㄊㄧㄢ氣ㄑㄧˋ
tiānqì

名 天気
- 天ㄊㄧㄢ氣ㄑㄧˋ預ㄩˋ報ㄅㄠˋ「天気予報」

280
ユィサン
雨ㄩˇ傘ㄙㄢˇ
yǔsǎn

名 雨傘
- 陽ㄧㄤˊ傘ㄙㄢˇ「日傘」
- 撐ㄔㄥ傘ㄙㄢˇ「傘をさす」

40

Zhè ge jìjié de shuǐguǒ zuì hǎo chī
這個 [季節] 的 水果 最 好 吃 。

この季節の果物は一番おいしいです。

▶ 這個 039「この」 水果 207「果物」

Chūntiān kuàiyào lái le
[春天] 快要 來 了 。

春がもうすぐやってきます。

▶ 快要+《動詞》+了 477「もうすぐ～なる」

Qiūtiān de shíhòu wèikǒu hěn hǎo
[秋天] 的 時候，胃口 很 好 。

秋は食欲が旺盛だ。

▶ 的時候「～の時」 胃口 321「食欲」

Shàngcì de táifēng hěn kěpà
上次 的 [颱風] 很 可怕 。

この前の台風は怖かったです。

▶ 上次 232「前回」 可怕「怖い」

Wàimiàn zài xiàyǔ ma
外面 在 [下雨] 嗎 ？

外は雨が降っていますか。

▶ 外面 107「外」 嗎 137：語気助詞《疑問》

Jīntiān tiānqì búcuò
今天 [天氣] 不錯 。

今日は天気がいいです。

▶ 今天 046「今日」 不錯 132「よい」

Búyào wàng le dài yǔsǎn
不要 忘 了 帶 [雨傘] 。

傘を持っていくのを忘れないでください。

▶ 不要 391「～してはいけない」 帶 114「持っていく」

1回目	年 月 日 ／7	2回目	年 月 日 ／7	3回目	年 月 日 ／7	達成率 55 %

281 ☐ ☐ ☐
ファンドン
房_ㄈ東_ㄉ
fángdōng

名 家主, 大家

282 ☐ ☐ ☐
ファンツー
房_ㄈ租_ㄗ
fángzū

名 家賃

283 ☐ ☐ ☐
カティン
客_ㄎ廳_ㄊ
kètīng

名 居間, リビングルーム
▪ 飯_ㄈ廳_ㄊ「ダイニングルーム」

284 ☐ ☐ ☐
チュウファン
廚_ㄔ房_ㄈ
chúfáng

名 台所, キッチン

285 ☐ ☐ ☐
ユィシ
浴_ㄩ室_ㄕ
yùshì

名 浴室, バスルーム

286 ☐ ☐ ☐
ファンジェン
房_ㄈ間_ㄐ
fángjiān

名 部屋, ルーム
▪ 間_ㄐ:「部屋」を数える時の量詞

287 ☐ ☐ ☐
シーショウジェン
洗_ㄒ手_ㄕ間_ㄐ
xǐshǒujiān

名 お手洗い《丁寧な言い方》
▪ 廁_ㄘ所_ㄙ「便所, トイレ」

41

Fángdōng jīntiān lái xiū lěngqì le

房東 今天 來 修 冷氣 了。

大家さんは今日，クーラーを修理しに来ました。

▶ 修「修理する」 冷氣 438「クーラー」

Xià ge yuè fángzū yào zhǎngjià le

下個月 房租 要 漲價 了。

家賃は来月値上がりする。

▶ 下個月 044「来月」 要～了 390「もうすぐ～なる」 漲價「値上がりする」

Shǒubiǎo fàng zài kètīng de shāfā shàng

手錶 放 在 客廳 的 沙發 上。

腕時計は居間のソファの上に置いてあります。

▶ 手錶 057「腕時計」 放 118「置く」 沙發 110「ソファ」

Māma zài chúfáng zuò wǎnfàn

媽媽 在 廚房 做 晚飯。

母は台所で夕食を作っています。

▶ 媽媽 016「お母さん」 做 302「作る」 晚飯 197「夕飯」

Nǐ jiā de yùshì yǒu yùgāng ma

你家的 浴室 有 浴缸 嗎？

あなたの家の浴室に浴槽はありますか。

▶ 有 127「～がある」 浴缸「浴槽」

Zhè jiān fángjiān bú tài piányí

這間 房間 不太 便宜。

この部屋はあまり安くはありません。

▶ 不太 +《形容詞》424「あまり～ない」 便宜 474「安い」

Qǐng wèn xǐshǒujiān zài nǎlǐ

請問， 洗手間 在 哪裡？

すみませんが，お手洗いはどこですか。

▶ 請問 124「すみませんが～《問い掛け》」 哪裡 038「どこ」

| 1回目 | 年 月 日 /7 | 2回目 | 年 月 日 /7 | 3回目 | 年 月 日 /7 | 達成率 57 % |

288
シュイジャオ
睡覺
shuìjiào

動 寝る

289
チーチュアン
起床
qǐchuáng

動 起床する, 起きる

290
シーザオ
洗澡
xǐzǎo

動 入浴する, シャワーを浴びる

291
シー
洗
xǐ

動 洗う
- **洗衣服**「洗濯する」
- **洗手**「手を洗う」

292
ツァ
擦
cā

動 (布類で) 拭く

293
ダーサオ
打掃
dǎsǎo

動 掃除する

294
チュアンフゥ
窗戶
chuānghù

名 窓
- **窗簾**「カーテン」

42

Bù kěyǐ zài dìbǎn shuìjiào

不可以在地板[睡覺]。

床で寝てはいけません。

▶ 地板「床」

Wǒ měitiān zǎoshàng liù diǎn qǐchuáng

我每天早上六點[起床]。

私は毎朝6時に起きます。

▶ 早上 050「朝」《数字》+點 057「〜時」

Wǒ yì huíjiā jiù xǐzǎo le

我一回家就[洗澡]了。

家に帰ってすぐにお風呂に入りました。

▶ 一〜就…490「〜すると，すぐに…」回家 028「帰宅する」

Xiān xǐshǒu zài chī fàn

先[洗手]，再吃飯。

まず手を洗ってからご飯を食べます。

▶ 先〜《動詞》再…《動詞》「〜してから…する」

Yòng mǒbù cā zhuōzi

用抹布[擦]桌子。

雑巾でテーブルを拭きます。

▶ 用 386「使う」抹布「雑巾」

Liǎng tiān dǎsǎo yí cì

兩天[打掃]一次。

2日に1回掃除します。

▶ 兩天「2日間」次：「回数」を数える時の量詞

Bàngōngshì de chuānghù pò le

辦公室的[窗戶]破了。

事務室の窓が割れました。

▶ 辦公室 251「事務室」破「割れる」

| 1回目 | 年 月 日 ／7 | 2回目 | 年 月 日 ／7 | 3回目 | 年 月 日 ／7 | 達成率 58 % |

295 □□□
チュアン
床
chuáng

名 ベッド
- 單人床「シングルベッド」
- 雙人床「ダブルベッド」

296 □□□
シャアファー
沙發
shāfā

名 ソファ

297 □□□
ドンシ
東西
dōngxī

名 もの, 品物
- 買東西「買い物をする」

298 □□□
ロウシャン
樓上
lóushàng

名 上の階
- 樓下「下の階」
- 大樓「ビル」

299 □□□
ディエンティー
電梯
diàntī

名 エレベーター
- 電扶梯「エスカレーター」

300 □□□
メンコウ
門口
ménkǒu

名 入り口 (の前), 玄関口
- 逃生門「非常口」
- 關門「閉店する」

301 □□□
ドン
等
děng

動 待つ

43

Háiyǒu shuāngrén chuáng de fángjiān ma
還有 雙人 床 的 房間 嗎？

ダブルベッドの部屋はまだありますか。

▶ 還 480「まだ」 有 127「〜がある」

Māo zài shāfā shàng shuìjiào
貓 在 沙發 上 睡覺 。

猫はソファの上で寝ています。

▶ 貓 377「猫」 上 104「上」 睡覺 288「寝る」

Qǐng búyào zài zhèlǐ fàng dōngxi
請 不要 在 這裡 放 東西 。

ここには物を置かないでください。

▶ 不要 391「〜してはいけない」 在 092「〜で《場所》」 放 118「置く」

Kèrén zài lóushàng děng nǐ
客人 在 樓上 等 你 。

お客さんは上の階であなたを待っています。

▶ 客人 250「客」 等 301「待つ」 你 003「あなた」

Diàntī chāo zhòng le
電梯 超重 了 。

エレベーターは重量オーバーしました。

▶ 超重 442「重量オーバーする」 了 134：語気助詞《状況の発生》

Ménkǒu de jiǎotàchē shì shéi de
門口 的 腳踏車 是 誰 的？

入口の自転車は誰のものですか。

▶ 腳踏車 177「自転車」 〜的 140「〜の（もの）」

Wǒ zài chēzhàn qián děng nǐ
我 在 車站 前 等 你 。

私は駅前であなたを待っています。

▶ 在 092「〜で」 車站前 170「駅前」

| 1回目 | 年 月 日 ／7 | 2回目 | 年 月 日 ／7 | 3回目 | 年 月 日 ／7 | 達成率 60 % |

302 □ □ □
ズオ
做 アメﾐ
zuò

[動] する；作る
- **做**家ﾕﾐ事ｼ「家事をする」
- **做**ｼ飯ﾝ「ご飯を作る」

303 □ □ □
ションイ
生 アﾑ**意** -ﾍ
shēngyì

[名] 商売, 取引
- **做**ｼ生ｽ意 -ﾍ「商売する」

304 □ □ □
ジェンミェン
見ﾕﾝ**面**ﾛﾝ
jiànmiàn

[動] 会う, 顔を合わす

305 □ □ □
リウシュエ
留ﾘﾇ**學**ﾃ゙ｾ
liúxué

[動] 留学する

306 □ □ □
シュエフェイ
學ﾃ゙ｾ**費**ﾌﾍ
xuéfèi

[名] 学費, 授業料
- **獎**ﾕﾞ**學**ﾃ゙ｾ**金**ﾁﾝ「奨学金」

307 □ □ □
ダンシン
擔ﾀﾞ**心**ﾃﾝ
dānxīn

[動] 心配する

308 □ □ □
ファンシン
放ﾌﾝ**心**ﾃﾝ
fàngxīn

[動] 安心する

Nǐ zài zuò shénme ne
你³ 在¹ 做¹ 什² 麼² 呢²？

何をしていますか。

▶ 在 092「～している」 什麼 030「なに」 嗎 137：語気助詞《疑問》

Zhù nín shēngyì xīnglóng
祝³ 您² 生² 意² 興² 隆² 。

商売繁盛をお祈りします。

▶ 祝 309「祈る」 興隆「繁盛する」

Míngtiān xiàwǔ sān diǎn zài nǎlǐ jiànmiàn
明² 天² 下² 午² 三² 點² 在² 哪³ 裡² 見² 面² ？

明日の午後3時にどこで会いますか。

▶ 下午 053「午後」 《数字》+點 057「～時」 哪裡 038「どこ」

Tā dǎsuàn qù táiwān liúxué
他² 打² 算² 去² 台² 灣² 留² 學² 。

彼は台湾に留学するつもりです。

▶ 打算 264「～するつもりだ」

Guólì dàxué de xuéfèi hěn piányí
國² 立² 大² 學² 的² 學² 費² 很² 便² 宜² 。

国立大学の授業料は安いです。

▶ 國立大學「国立大学」 便宜 474「安い」

Búyào ràng wǒ dānxīn a
不² 要² 讓² 我² 擔² 心² 啊² 。

心配させないでよ。

▶ 讓 491「～させる」 啊 135：語気助詞《催促》

Wǒ hěn hǎo qǐng fàngxīn
我² 很² 好² ，請² 放² 心² 。

私は元気だから，安心してください。

▶ 請 382「どうぞ」

309 □ □ □
ジュウ
祝 ㄓ ㄨˋ
zhù

[動] 心から願う, 祈る

310 □ □ □
ションリィ
生 ㄕㄥ 日 ㄖˋ
shēngrì

[名] 誕生日
- 出 ㄔㄨ 生 ㄕㄥ 「生まれる」

311 □ □ □
リーウ
禮 ㄌㄧˇ 物 ㄨˋ
lǐwù

[名] 贈り物, プレゼント

312 □ □ □
ディン
訂 ㄉㄧㄥˋ
dìng

[名] (ホテル・チケット・商品などを)
予約する

313 □ □ □
ダンガオ
蛋 ㄉㄢˋ 糕 ㄍㄠ
dàngāo

[名] ケーキ

314 □ □ □
ジエフン
結 ㄐㄧㄝˊ 婚 ㄏㄨㄣ
jiéhūn

[動] 結婚する
- 喜 ㄒㄧ 帖 ㄊㄧㄝˇ 「結婚式招待状」

315 □ □ □
ホンバオ
紅 ㄏㄨㄥˊ 包 ㄅㄠ
hóngbāo

[名] 祝儀《慶事の際に使用人に与える》;
お年玉

45

Zhù nǐ hǎoyùn

祝 你好運。

幸運を祈っています。

▶ 好運 469「幸運」

Nǐ de shēngrì shì jǐ yuè jǐ hào

你的 生日 是幾月幾號?

あなたの誕生日は何月何日ですか。

▶ 幾月幾號「何月何日」

Lǐwù sòng dào le ma

禮物 送到了嗎?

贈り物は届きましたか。

▶ 送到 115「届く」了嗎 134「～しましたか」

Wǒ dìng le qù rìběn de jīpiào

我 訂 了去日本的機票。

私は日本行きの航空券を予約しました。

▶ 了 134：語気助詞《動作の完了》機票 339「航空券」

Zhè ge dàngāo tài tián le

這個 蛋糕 太甜了。

このケーキは甘すぎます。

▶ 這個 039「この」太 +《形容詞》+ 了 423「～すぎる」甜 227「甘い」

Wǒmen jiéhūn ba

我們 結婚 吧。

結婚しましょうか。

▶ 我們 002「私たち」吧 138：語気助詞《提案》

Guònián de shíhòu dàrén gěi xiǎohái hóngbāo

過年的時候，大人給小孩 紅包。

お正月には，大人が子どもにお年玉をあげます。

▶ 過年「正月を迎える」給 +A《対象》+B《物》174「BをAにあげる」小孩 010「子ども」

1回目	年 月 日 /7	2回目	年 月 日 /7	3回目	年 月 日 /7	達成率 62 %

316

イユェン

醫院 yīyuàn

名 病院
- 診所「クリニック」

317

ビーシュイ

鼻水 bíshuǐ

名 鼻水

318

ガンマオ

感冒 gǎnmào

動 風邪を引く
名 風邪

319

ションビン

生病 shēngbìng

動 病気になる

320

ファーシャオ

發燒 fāshāo

動 熱が出る
- 退燒「熱が下がる」

321

ウェイコウ

胃口 wèikǒu

名 食欲

322

ホウロン

喉嚨 hóulóng

名 のど

46

Tā gāng cóng yīyuàn huílái le
他 剛 從 [醫院] 回來 了 。

彼は病院から帰ってきたばかりです。

▶ 剛 485 +《動詞》「～したばかりだ」 從 099「～から」 回來 094「帰る」

Xiǎohái cháng liú bíshuǐ
小孩 常 流 [鼻水] 。

子どもはよく鼻水が出ます。

▶ 常 425「よく」 流「（液体が）流れる」

Yīshēng shuō wǒ gǎnmào le
醫生 說 我 [感冒] 了 。

医者は私が風邪をひいたと言いました。

▶ 醫生 323「医者」 說 085「話す」

Tā yīnwèi shēngbìng xiūxí le liǎng tiān
他 因為 [生病] 休息 了 兩 天 。

彼は病気で2日間休みました。

▶ 因為 033「～なので」 休息 083「休む」

Nǐ hǎoxiàng fāshāo le
你 好像 [發燒] 了 。

あなたは熱があるようです。

▶ 好像 502「～みたい」

Jīntiān méiyǒu wèikǒu
今天 沒有 [胃口] 。

今日は食欲がありません。

▶ 今天 046「今日」 沒有 128「～がない」

Hóulóng yǒu yì diǎn bù shūfú
[喉嚨] 有 一點 不 舒服 。

のどの調子が少し悪いです。

▶ 有一點 +《形容詞》 409「少し～だ」 不舒服 333「調子が悪い」

1回目	年 月 日 ／7	2回目	年 月 日 ／7	3回目	年 月 日 ／7	達成率 64 %

107

323
イーション
醫-生ア
yīshēng

名 医者

324
フゥリーシ
護理師ア
hùlǐshī

名 看護師

325
ファーイェン
發炎
fāyán

名 炎症を起こす

326
リェンスァ
臉色
liǎnsè

名 顔色

327
ジュウユェン
住院
zhùyuàn

動 入院する
▪ 出院「退院する」

328
トゥ
吐
tù

動 吐く

329
トン
痛
tòng

形 痛い

47

Yǒu huì shuō rìwén de yīshēng ma
有ゃ 會ゃ 說ゃ 日ロ 文ゃ 的ゃ 醫- 生ゃ 嗎ゃ？

日本語を話せる医者はいますか。

▶ 會 395「～できる」 日文「日本語」

Hùlǐshī de gōngzuò hǎoxiàng hěn máng
護ゃ 理ゃ 師ァ 的ゃ 工ゃ 作ゃ 好ゃ 像ゃ 很ゃ 忙ゃ 。

看護師の仕事は忙しいようです。

▶ 工作 240「仕事」 好像 502「～ようだ」

Tā de Hóulóng fāyán le
他ゃ 的ゃ 喉ゃ 嚨ゃ 發ゃ 炎ゃ 了ゃ 。

喉に炎症を起こしました。

▶ 喉嚨「のど」 了 134：語気助詞《状態の変化》

Liǎnsè bú tài hǎo
臉ゃ 色ゃ 不ゃ 太ゃ 好ゃ 。

顔色があまりよくありません。

▶ 不太 +《形容詞》424「あまり～ない」

Nǐ děi mǎshàng zhùyuàn
你ゃ 得ゃ 馬ゃ 上ゃ 住ゃ 院ゃ 。

あなたはすぐに入院しなければなりません。

▶ 得 392「～しなければならない」 馬上 490「すぐに」

Tā yì hē jiǔ jiù tù
他ゃ 一ゃ 喝ゃ 酒ゃ 就ゃ 吐ゃ 。

彼は酒を飲むとすぐに吐きます。

▶ 一～就… 490「～すると，すぐに…」 喝 202「飲む」

Dùzi hǎo tòng
肚ゃ 子ゃ 好ゃ 痛ゃ 。

お腹がすごく痛いです。

▶ 肚子「お腹」 好 476「とても～だ」

330 ☐
☐
☐
ティーウェン

體ㄊ一ˇ溫ㄨㄣ

tǐwēn

名 体温

- 體ㄊ一ˇ溫ㄨㄣ計ㄐ一ˋ「体温計」

---

331 ☐
☐
☐
シアオドゥ

消ㄒ一ㄠ毒ㄉㄨˊ

xiāodú

動 消毒する

---

332 ☐
☐
☐
ヤオ

藥一ㄠˋ

yào

名 薬

---

333 ☐
☐
☐
シュウフゥ

舒ㄕㄨ服ㄈㄨˊ

shūfú

形 (体・気持ちなどが) 心地よい,
気持ちがよい, 快適だ

- 不ㄅㄨˋ舒ㄕㄨ服ㄈㄨˊ「体調が悪い」

---

334 ☐
☐
☐
ジェンカン

健ㄐ一ㄢˋ康ㄎㄤ

jiànkāng

形 健康だ

名 健康

---

335 ☐
☐
☐
パイドゥイ

排ㄆㄞˊ隊ㄉㄨㄟˋ

páiduì

動 列に並ぶ

- 插ㄔㄚ隊ㄉㄨㄟˋ「列に割り込む」

---

336 ☐
☐
☐
ヤオジュイ

藥一ㄠˋ局ㄐㄩˊ

yàojú

名 薬局

48

Jìn yīyuàn qián děi liáng tǐwēn
進ㄐㄧㄣˋ 醫ㄧ 院ㄩㄢˋ 前ㄑㄧㄢˊ 得ㄉㄟˇ 量ㄌㄧㄤˊ 〔體ㄊㄧˇ 溫ㄨㄣ〕。

病院に入る前に体温を計らなければなりません。

▶ 進「〜に入る」 醫院 **316**「病院」 得 **392**「〜しなければならない」 量「計る」

Shāngkǒu yàokuài yì diǎn xiāodú
傷ㄕㄤ 口ㄎㄡˇ 要ㄧㄠˋ 快ㄎㄨㄞˋ 一ㄧˋ 點ㄉㄧㄢˇ 〔消ㄒㄧㄠ 毒ㄉㄨˊ〕。

傷は早く消毒しなければなりません。

▶ 傷口「傷」 快點 +《動詞》「早く〜する」

Gǎnmào de huà chī yào jiù hǎo le
感ㄍㄢˇ 冒ㄇㄠˋ 的ㄉㄜ 話ㄏㄨㄚˋ， 吃ㄔ 〔藥ㄧㄠˋ〕 就ㄐㄧㄡˋ 好ㄏㄠˇ 了ㄌㄜ。

風邪なら薬を飲めば治ります。

▶ 感冒 **318**「風邪」 〜的話「〜なら」 就好了「〜だけでよい」

Jīntiān de tiānqì hěn hǎo hěn shūfú
今ㄐㄧㄣ 天ㄊㄧㄢ 的ㄉㄜ 天ㄊㄧㄢ 氣ㄑㄧˋ 很ㄏㄣˇ 好ㄏㄠˇ 很ㄏㄣˇ 〔舒ㄕㄨ 服ㄈㄨˊ〕。

今日は天気がよくて快適です。

▶ 今天 **046**「今日」 很 **421**「とても」 好 **476**「よい」

Jiǔ shí suì de tā shēntǐ hái hěn jiànkāng
九ㄐㄧㄡˇ 十ㄕˊ 歲ㄙㄨㄟˋ 的ㄉㄜ 他ㄊㄚ 身ㄕㄣ 體ㄊㄧˇ 還ㄏㄞˊ 很ㄏㄣˇ 〔健ㄐㄧㄢˋ 康ㄎㄤ〕。

90歳の彼はまだ健康です。

▶ 身體 **158**「体」 還 **480**「まだ」

Qǐng zài zhèlǐ páiduì
請ㄑㄧㄥˇ 在ㄗㄞˋ 這ㄓㄜˋ 裡ㄌㄧˇ 〔排ㄆㄞˊ 隊ㄉㄨㄟˋ〕。

こちらで並んでください。

▶ 請 **382**「どうぞ」 在 **092**「〜で」 這裡 **039**「ここ」

Zhè jiā yàojú de kǒuzhào dōu mài wán le
這ㄓㄜˋ 家ㄐㄧㄚ 〔藥ㄧㄠˋ 局ㄐㄩˊ〕 的ㄉㄜ 口ㄎㄡˇ 罩ㄓㄠˋ 都ㄉㄡ 賣ㄇㄞˋ 完ㄨㄢˊ 了ㄌㄜ。

薬局のマスクは全部売り切れました。

▶ 口罩「マスク」 都 **494**「全部」 賣完「売り切れる」

| 1回目 | 年 月 日 ／7 | 2回目 | 年 月 日 ／7 | 3回目 | 年 月 日 ／7 | 達成率 **67 %** |

文法復習④　基本文型語順／指示代名詞

　　台湾華語の文法はとてもシンプルです。まずは日常会話などでよく使用するパターンを覚え，その例文内の単語を入れ替えることでさまざまな言い回し置き換えることができます。

主語＋是＋名詞

主語	動詞	名詞
Wǒ	shì	rìběnrén
我	是	日本人	。 (私は日本人です)

否定文は動詞 "**是**" の前に "**不** (bú)" をつけます。

例 **我 不 是 日本人** 。 (私は日本人ではありません)

疑問文は文末に "**嗎** (ma)" をつけます。

主語　＋副詞＋形容詞

主語	副詞	形容詞
Tā	hěn	Kě'ài
她	很	可愛	。 (彼女はとても可愛いです)

基本的な否定文は程度副詞を略し，形容詞の前に "**不**" をつけます。

例 **她 不 可愛** 。 (彼女は可愛くありません)

疑問文は文末に "**嗎**" をつけます。

主語＋動詞＋目的語

主語	動詞	目的語
Wǒ	chī	fàn
我	吃	飯	。 (私はご飯を食べます)

否定文は時態によって動詞の前に "**不**" か "**沒** (méi)" をつけます。

例 **我 不 吃 飯** 。 (私はご飯を食べません)

　　我 沒 吃 飯 。 (私はご飯を食べていません)

疑問文は文末に「**嗎**」をつけます。

主語＋動詞＋目的語＋目的語

主語	動詞	目的語		目的語	
Wǒ	gěi	tā	liǎng	běn	shū
我ㄨㄛ	給ㄍㄟ	他ㄊㄚ	兩ㄌㄧㄤ	本ㄅㄣ	書ㄕㄨ	。

（私は彼に本を2冊あげます）

二重目的語の形で「何が＋何に＋何を＋どうする」を表現します。相手に何かを与えるという意味を持っています。

一般的に "送ㄙㄨㄥ (sòng)", "給ㄍㄟ", "教ㄐㄧㄠ (jiào)" など事物の授受に関する動詞はよく使われています。

主語＋時間＋場所＋動詞＋目的語

主語	時間		場所		動詞	目的語
Tā	jīntiān		zàijiā		zuòfàn	
他ㄊㄚ	今ㄐㄧㄣ	天ㄊㄧㄢ	在ㄗㄞ	家ㄐㄧㄚ	做ㄗㄨㄛ	飯ㄈㄢ	。

（彼は今日，家でご飯を作ります）

時間は主語の前か後ろに置くことができます。

台湾華語では，形容詞の前に程度副詞の "很ㄏㄣ" を付けます。"很ㄏㄣ" は「とても」という意味ですが，この場合は別に何も意味がありません。本当に「とても」という表現を伝えたいときは，副詞の"非常"や "太ㄊㄞ" などを付けます。

まとめて覚えよう―指示代名詞

這ㄓㄜ	zhè	ザ	この
這ㄓㄜ個ㄍㄜ	zhège	ザガ	これ
這ㄓㄜ些ㄒㄧㄝ	zhèxiē	ザシエ	これら
那ㄋㄚ	nà	ナ	あの，その
那ㄋㄚ個ㄍㄜ	nàge	ナガ	あれ，それ
那ㄋㄚ些ㄒㄧㄝ	nǎixiē	ナシエ	あれら，それら
哪ㄋㄚ	nǎ	ナ	どの
哪ㄋㄚ個ㄍㄜ	nǎige	ナガ	どれ
哪ㄋㄚ些ㄒㄧㄝ	nǎixiē	ナシエ	どれら

337 ☐
☐
☐

ジチャン

機場
jīchǎng

名 空港

338 ☐
☐
☐

フェイジ

飛機
fēijī

名 飛行機
- 停飛「欠航」
- 起飛「離陸する」

339 ☐
☐
☐

ジピアオ

機票
jīpiào

名 航空券

340 ☐
☐
☐

フゥジャオ

護照
hùzhào

名 パスポート

341 ☐
☐
☐

チェンジォン

簽證
qiānzhèng

名 ビザ
- 工作簽證「就労ビザ」

342 ☐
☐
☐

ジエ

接
jiē

名 迎える

343 ☐
☐
☐

ジェンチャア

檢查
jiǎnchá

動 点検する, 検査する

49

Tā zài jīchǎng de miǎnshuìdiàn gōngzuò
她在[機場]的免稅店工作。

彼女は空港の免税店で働いています。

▶ 在 +《場所》+《動詞》092《場所》で〜する」 工作 240「働く」

Wǎng dàbǎn de fēijī zǎoshàng jiǔ diǎn qǐfēi
往大阪的[飛機]早上九點起飛。

大阪行きの飛行機は午前9時に離陸します。

▶ 往 113「〜行き」 早上 050「午前」 起飛 338「離陸する」

Dào dōngjīng de jīpiào dàgài duōshǎo qián
到東京的[機票]大概多少錢?

東京までの航空券はだいたいいくらですか。

▶ 到 100「〜まで」 大概 398「だいたい」

Hùzhào kuàiyào guòqí le
[護照]快要過期了。

パスポートはもうすぐ期限切れです。

▶ 快要 +《動詞》+ 了 477「もうすぐ〜になる」 過期「期限切れ」

Wǒ xiǎng shēnqǐng gōngzuò qiānzhèng
我想申請[工作簽證]。

就労ビザを申請したいです。

▶ 想 388「〜したい」

Wǒ qù jiē nǐ ba
我去[接]你吧。

あなたを迎えに行きましょうか。

▶ 去 +《動詞》093「〜(し)に行く」 吧 138：語気助詞《提案》

Lǎoshī zài jiǎnchá xuéshēng de zuòyè
老師在[檢查]學生的作業。

先生は生徒の宿題をチェックしています。

▶ 老師 066「先生」 作業 073「宿題」

| 1回目 | 年 月 日 ／7 | 2回目 | 年 月 日 ／7 | 3回目 | 年 月 日 ／7 | 達成率 68 % |

344 □□□
シンリーシァン
行李箱
xínglǐxiāng

名 スーツケース

345 □□□
ジォンリ
整理
zhěnglǐ

動 片付ける, 整理する

346 □□□
ショウシュイ
手續
shǒuxù

名 手続き
- 辦手續「手続きをする」
- 手續費「手数料」

347 □□□
シェンチン
申請
shēnqǐng

動 申請する
名 申請

348 □□□
ホイグオ
回國
huíguó

動 帰国する
- 出國「出国する」

349 □□□
チュウファー
出發
chūfā

動 出発する

350 □□□
ジュアンジ
轉機
zhuǎnjī

動 (飛行機を)乗り継ぐ

50

Zhè ge lǜsè xínglixiāng shì shéi de
這個 綠色 [行李箱] 是 誰 的？

この緑色のスーツケースは誰のものですか。

▶ 這個 039「この」 綠色「緑色」 ～的 140「～の(もの)」

Xiān zhěnglǐ fángjiān zài xǐzǎo
先 [整理] 房間 ，再 洗澡 。

部屋を片付けてからシャワーを浴びます。

▶ 先～《動詞》再…《動詞》「～してから…する」 洗澡 290「シャワーを浴びる」

Yínháng dàikuǎn de shǒuxù hěn fùzá
銀行 貸款 的 [手續] 很 複雜 。

銀行ローンの手続きはとても複雑です。

▶ 貸款「ローンを組む」 複雜 463「複雑だ」

wǒ de tiáojiàn kěyǐ shēnqǐng jiǎngxuéjīn ma
我 的 條件 可以 [申請] 獎學金 嗎？

私の条件で奨学金の申請ができますか。

▶ 可以 393「～できる」 條件「条件」 嗎 137：語気助詞《疑問》

Wǒ dǎsuàn xià ge yuè huíguó
我 打算 下個月 [回國] 。

私は来月帰国するつもりです。

▶ 打算 264「～するつもりだ」 下個月 044「来月」 回國 348「帰国する」

Shénme shíhòu chūfā ne
什麼 時候 [出發] 呢？

いつ出発しますか。

▶ 什麼時候 031「いつ」 呢 139：語気助詞《疑問》

Zài xiānggǎng zhuǎnjī dào yīngguó
在 香港 [轉機] 到 英國 。

香港で乗り継いでイギリスへ行きます。

▶ 到 100「～まで」 英國「イギリス」

1回目	年 月 日 ／7	2回目	年 月 日 ／7	3回目	年 月 日 ／7	達成率 69 %

351

インハン

銀行
yínháng

名 銀行

352

ティークァンジ

提款機
tíkuǎnjī

名 現金自動預払機（ATM）
- 提款「引き出し」
- 存款「預金」
- 轉帳「振り込み」

353

シェンジン

現金
xiànjīn

名 現金

354

シンヨンカ

信用卡
xìnyòngkǎ

名 クレジットカード
- 刷卡「カード決済する」

355

チェンミン

簽名
qiānmíng

動 サインする, 署名する
- 蓋章「押印する」

356

チェン

錢
qián

名 お金
- 有錢人「金持ち」
- 錢包「財布」
- 零錢「小銭」

357

ホァン

換
huàn

動 換える；交換する
- 換錢「両替する」

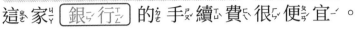

51

Zhè jiā yínháng de shǒuxùfèi hěn piányí

這家 [銀行] 的手續費很便宜。

この銀行の手数料はとても安いです。

▶ 手續費 346「手数料」 便宜 474「安い」

Zhè fùjìn yǒu tíkuǎnjī ma

這附近有 [提款機] 嗎？

この近くに ATM はありますか。

▶ 有 127「〜がある」 嗎 137：語気助詞《疑問》

Zhèlǐ kěyǐ fù xiànjīn ma

這裡可以付 [現金] 嗎？

ここは現金で支払えますか。

▶ 這裡 039「ここ」 可以 393「〜できる」 付「払う」

Yòng xìnyòngkǎ mǎi dōngxī hěn fāngbiàn

用 [信用卡] 買東西很方便。

クレジットカードは買い物に便利です。

▶ 用 386「使う」 買 192「買う」 東西 297「もの」

Qǐng zài zhèlǐ qiānmíng

請在這裡 [簽名] 。

ここにサインしてください。

▶ 請 382「どうぞ」 在 092「〜に」

Yígòng duōshǎo qián ne

一共多少 [錢] 呢？

合計でいくらですか。

▶ 一共 402「合計で」 呢 139：語気助詞《疑問》

Wǒ xiǎng huàn língqián

我想 [換] 零錢。

小銭に両替したいです。

▶ 想 388「〜したい」 零錢 356「小銭」

| 1回目 | 年 月 日 ／7 | 2回目 | 年 月 日 ／7 | 3回目 | 年 月 日 ／7 | 達成率 71 % |

358
ヨウジュイ
郵局
yóujú

(名) 郵便局
▪ 郵差「郵便配達員」

359
ジ
寄
jì

(動) 郵送する

360
ヨウピアオ
郵票
yóupiào

(名) 切手

361
ジャオシャンジ
照相機
zhàoxiàngjī

(名) カメラ
▪ 數位相機「デジタルカメラ」

362
ジャオシャン
照相
zhàoxiàng

(動) 写真を撮る

363
ジャオピェン
照片
zhàopiàn

(名) 写真

364
ハオカン
好看
hǎokàn

(形) (人など) きれいだ, かっこいい;
(テレビなど) おもしろい, 見
る価値がある
▪ 好聽「聞いて心地がよい」

52

Yóujú　jǐ diǎn guānmén ne
郵_ヌ局_ᄔ 幾_ᄔ點_ᄼ關_ᄾ門_ᄆ呢_ᄒ？

郵便局は何時に閉まりますか。

▶ 幾點 057「何時」 關門 300「閉店する」

Wǒ xiǎng jì shèngdànkǎ gěi péngyǒu
我_ᄾ想_ᄐ 寄_ᄔ 聖_ᄼ誕_ᄼ卡_ᄼ給_ᄿ朋_ᄽ友_ᄾ。

友達にクリスマスカードを送りたいです。

▶ 聖誕卡「クリスマスカード」 朋友 012「友達」

Qǐng gěi wǒ liǎng zhāng shí yuán de yóupiào
請_ᄾ給_ᄿ我_ᄼ兩_ᄿ張_ᄐ十_ᄼ元_ᄼ的_ᄒ 郵_ᄾ票_ᄼ。

10 元の切手を 2 枚ください。

▶ 請 382「どうぞ」

Nǐ de zhàoxiàngjī shì zài nǎlǐ mǎi de
你_ᄽ的_ᄒ 照_ᄽ相_ᄐ機_ᄔ 是_ᄼ在_ᄝ哪_ᄽ裡_ᄼ買_ᄆ的_ᄒ。

あなたのカメラはどこで買いましたか。

▶ 是〜的 140：「過去の出来事《場所・時間など》」を強調する　哪裡 038「どこ」

Wǒmen yìqǐ zhàoxiàng ba
我_ᄝ們_ᄆ 一_ᄼ起_ᄼ 照_ᄽ相_ᄐ 吧_ᄿ。

一緒に写真を撮りましょう。

▶ 我們 002「私たち」 一起 405「一緒に」 吧 138：語気助詞《提案》

Zhè xiē zhàopiàn dōu shì nǐ de ma
這_ᄽ些_ᄐ 照_ᄽ片_ᄼ 都_ᄽ 是_ᄼ你_ᄽ的_ᄒ嗎_ᄾ？

この写真に写っている人は誰ですか。

▶ 這些 039「これら」 都 494「全部」 〜的 140「〜の（もの）」

Zhè yánsè hěn hǎokàn
這_ᄽ顏_ᄼ色_ᄼ很_ᄾ 好_ᄼ看_ᄼ。

この色はとてもきれいです。

▶ 顏色 229「色」 很 421「とても」

365 □
□
□
イーフゥ
衣-服ㄈㄨˊ
yīfú

名 服, 着物

366 □
□
□
マオズ
帽ㄇㄠˋ**子**ㄗ˙
màozi

名 帽子

367 □
□
□
シエズ
鞋ㄒㄧㄝˊ**子**ㄗ˙
xiézi

名 靴
- **鞋**ㄒㄧㄝˊ**带**ㄉㄞˋ「靴ひも」
- **袜**ㄨㄚˋ**子**ㄗ˙「靴下」

368 □
□
□
クズ
裤ㄎㄨˋ**子**ㄗ˙
kùzi

名 ズボン

369 □
□
□
チュアン
穿ㄔㄨㄢ
chuān

名 (服を) 着る；
(靴やズボンなどを) 履く
- **脱**ㄊㄨㄛ「脱ぐ」

370 □
□
□
ザン
髒ㄗㄤ
zāng

形 汚い

371 □
□
□
カンジン
乾ㄍㄢ**淨**ㄐㄧㄥˋ
gānjìng

形 清潔だ；(環境・物品などに汚れ
がなく) きれいだ

53

Hóng　yīfú　　bú　shìhé　nǐ

紅ㄥ[衣-服ㄷ]不ㄨ適ㄕ合ㄜ你ㄋ 。

赤い服はあなたに似合いません。

▶ 適合「似合う」

Wǒ　bú　tài　xǐhuān　dài　màozi

我ㄨ不ㄨ太ㄊ喜ㄒ歡ㄏ戴ㄉ[帽ㄇ子ㄗ] 。

帽子をかぶるのはあまり好きではありません。

▶ 不太 +《形容詞》424「あまり〜ない」 喜歡 223「好きだ」 戴 367「かぶる」

Qǐng　xiān　tuō　xiézi

請ㄑ先ㄒ脫ㄊ[鞋ㄒ子ㄗ] 。

先に靴を脱いでください。

▶ 先 496「先に」 脫 370「脱ぐ」

Xīn　mǎi　de　　kùzi　yǒu　yìdiǎn　jǐn

新ㄒ買ㄇ的ㄉ[褲ㄎ子ㄗ]有ㄧㄡ一ㄧ點ㄉ緊ㄐ 。

新しく買ったズボンはちょっときついです。

▶ 有一點 +《形容詞》409「少し〜だ」 緊 444「きつい」

Kěyǐ　shì　chuān　ma

可ㄎ以ㄧ試ㄕ[穿ㄔㄨㄢ]嗎ㄇ？

試着できますか。

▶ 可以 393「〜できる」 試 265「試す」

Zhè　jiā　diàn　kànqǐlái　hěn　zāng

這ㄓ家ㄐ店ㄉ看ㄎ起ㄑ來ㄌ很ㄏ[髒ㄗㄤ] 。

その店は汚く見えます。

▶ 看起來 500「見たところ」 很 421「とても」

Nǐ　de　fángjiān　zhēn　gānjìng

你ㄋ的ㄉ房ㄈ間ㄐ真ㄓ[乾ㄍ淨ㄐ] 。

あなたの部屋は本当にきれいです。

▶ 房間「部屋」 真 384「本当に」

372
ワン
玩ㄨㄢˊ
wán

動 遊ぶ

373
ヨウシ
遊ㄧㄡˊ戲ㄒㄧˋ
yóuxì

名 ゲーム
- 線ㄒㄧㄢˋ上ㄕㄤˋ遊ㄧㄡˊ戲ㄒㄧˋ「オンラインゲーム」

374
ワンジュイ
玩ㄨㄢˊ具ㄐㄩˋ
wánjù

名 おもちゃ

375
ドンウ
動ㄉㄨㄥˋ物ㄨˋ
dòngwù

名 動物
- 動ㄉㄨㄥˋ物ㄨˋ園ㄩㄢˊ「動物園」

376
ゴウ
狗ㄍㄡˇ
gǒu

名 犬

377
マオ
貓ㄇㄠ
māo

名 猫

378
チョンウ
寵ㄔㄨㄥˇ物ㄨˋ
chǒnwù

名 ペット

54

Míngtiān kěyǐ qù nǐ jiā wán ma

明天 可以 去 你 家 [玩] 嗎？

あなたの家に遊びに行ってもいいですか。

▶ 明天 045「明日」 可以 393「〜できる」 嗎 137：語気助詞《疑問》

Zuìjìn de shǒujī yóuxì dōu hěn hǎowán

最近 的 手機 [遊戲] 都 很 好玩 。

最近のスマホゲームはとても面白いです。

▶ 手機 253「携帯」 都 494「全部」 好玩 454「面白い」

Zhè shì dìdi zuì xǐhuān de wánjù

這 是 弟弟 最 喜歡 的 [玩具] 。

これは弟が好きなおもちゃです。

▶ 最 484「最も」 喜歡 223「好きだ」

Wǒ hái méi qù guò dòngwùyuán

我 還 沒 去 過 [動物園] 。

私はまだ動物園に行ったことがありません。

▶ 還 480「まだ」《動詞》+ 過 133「〜したことがある」

Nà zhī gǒu tài kěài le

那 隻 [狗] 太 可愛 了 。

あの犬はとてもかわいいです。

▶ 隻：「小動物」を数える時の量詞　太 +《形容詞》+ 了 423「〜すぎる」

Māo zài wǒ de chuángshàng shuìjiào

[貓] 在 我 的 床 上 睡覺 。

猫は私のベッド上で寝ています。

▶ 床 295「ベッド」 睡覺 288「寝る」

Bàba bú ràng wǒ yǎng chǒngwù

爸爸 不 讓 我 養 [寵物] 。

パパは私にペットを飼わせてくれません。

▶ 爸爸 015「お父さん」 讓 491「〜させる」 養「飼う」

1回目	年 月 日 ／7	2回目	年 月 日 ／7	3回目	年 月 日 ／7	達成率 **75 %**

379

ブハオイス

不_{ㄅㄨˋ}好_{ㄏㄠˇ}意_{ㄧˋ}思_ㄙ

Bùhǎoyìsi

[フレーズ] すみません；恥ずかしい

380

ドゥイブチ

對_{ㄉㄨㄟˋ}不_{ㄅㄨˋ}起_{ㄑㄧˇ}

Duìbuqǐ

[フレーズ] 申し訳ありません，
ごめんなさい

381

シエシエ

謝_{ㄒㄧㄝˋ}謝_{ㄒㄧㄝ˙}

xièxie

[動] 感謝する，礼を言う

382

チン

請_{ㄑㄧㄥˇ}

qǐng

[動] どうぞ；〜してもらう；お
ごる

- 請_{ㄑㄧㄥˇ} + 動詞「どうぞ〜してください」

383

シーワン

希_{ㄒㄧ}望_{ㄨㄤˋ}

xīwàng

[動] 望む，希望する

[名] 希望

384

ジェン

真_{ㄓㄣ}

zhēn

[形] 本当の

[副] 実に，本当に

385

ジ

只_{ㄓˇ}

zhǐ

[副] 〜だけ（で），〜しかない

- 只_{ㄓˇ}會_{ㄏㄨㄟˋ} + 動詞「〜しかできない」

55

Bùhǎoyìsi ，kěyǐ zài shuō yí cì ma
不好意思，可以再說一次嗎？

すみませんが，もう1回言っていただけますか。

▶ 再 +《動詞》+ 一次 483「もう1回〜する」

Duìbuqǐ ，qǐng yuánliàng wǒ
對不起，請原諒我。

ごめんなさい，お許しください。

▶ 請 382「どうぞ」原諒「許す」

Xièxie nǐ lái jiē wǒ
謝謝你來接我。

迎えに来てくれて ありがとう。

▶ 來 094「来る」接 342「迎える」

Qǐng děng yíxià
請等一下。

ちょっと待ってください。

▶ 等 301「待つ」《動詞》+ 一下 410「ちょっと〜する」

Xīwàng nǐ yě néng lái
希望你也能來。

あなたも来られることを願っています。

▶ 也 493「〜も」能 394「〜できる」

Lǎoshī xiě de zì zhēn piàoliàng
老師寫的字真漂亮。

先生の書いた字は本当にきれいです。

▶ 老師 066「先生」寫 086「書く」漂亮 457「きれいだ」

Wǒ zhǐ yǒu wǔ shí yuán
我只有五十元。

私は50元しか持っていません。

▶ 有 127「持っている」

1回目	年 月 日 /7	2回目	年 月 日 /7	3回目	年 月 日 /7	達成率 76 %

386 □□□
ヨン
用 ㄩㄥ
yòng

動 使う，用いる

介 《手段・道具・材料》〜で

387 □□□
ブヨン
不 ㄅㄨˋ **用** ㄩㄥ
búyòng

助動 〜する必要がない，
　　〜しなくてもよい

388 □□□
シァン
想 ㄒㄧㄤˇ
xiǎng

動 考える；推測する

助動 〜したい，〜しようと思う

▪ **覺** ㄐㄩㄝˊ **得** ㄉㄜ˙ 「〜と思う」

389 □□□
ブシァン
不 ㄅㄨˋ **想** ㄒㄧㄤˇ
bùxiǎng

助動 〜したくない

390 □□□
ヤオ
要 ㄧㄠˋ
yào

動 欲しい，要る

助動 〜しなければならない《必要・義務》，
　　〜したい《意志》

▪ **要** ㄧㄠˋ 〜 **了** ㄌㄜ˙ 「もうすぐ〜なる」

391 □□□
ブヤオ
不 ㄅㄨˋ **要** ㄧㄠˋ
búyào

助動 〜してはいけない

392 □□□
デェイ
得 ㄉㄟˇ
děi

助動 〜しなければならない

▪ 動詞 ＋ **得** ㄉㄜ˙ ＋ 様態補語（状態・程度を
表す様態補語を導く場合，de と発音する）

56

Tā chángcháng yòng shǒu xǐ yīfú

他常常 [用] 手洗衣服。

彼はよく手で服を洗う。

▶ 常常 **425**「よく」衣服 **365**「服」

Nǐ búyòng zài lái le

你 [不用] 再來了。

あなたはもう来なくてもいいです。

▶ 再 **483**「また」來 **094**「来る」

Nǐ zài xiǎng shénme

你在 [想] 什麼?

何を考えていますか。

▶ 在 **092** +《動詞》「～している」什麼 **030**「なに」

Wǒ bùxiǎng gēn tā yìqǐ qù

我 [不想] 跟他一起去。

彼とは一緒に行きたくありません。

▶ 跟～一起 **404**「～と一緒に」

Nǐ yào jǐ ge ne

你 [要] 幾個呢?

何個要りますか。

▶ 幾個 **041**「何個」呢 **139**：語気助詞《疑問》

Qǐng búyào zài zhèlǐ chōuyān

請 [不要] 在這裡抽菸。

ここでタバコを吸わないでください。

▶ 在 **092**「～で」抽菸「タバコを吸う」

Zhè ge xīngqí wǒ děi jiābān

這個星期我 [得] 加班。

今週は残業しなければなりません。

▶ 這個星期「今週」加班 **239**「残業する」

393 □□□
カイ
可以
kěyǐ

助動 《許可を得て》〜してもよい，〜できる
• 不可以「〜できない」

394 □□□
ノン
能
néng

助動 《条件や能力があり》〜できる；《許可を得て》〜してもよい
• 不能「〜できない」

395 □□□
ホイ
會
huì

助動 《習得して》〜できる；〜するだろう，〜するはずだ《可能性》
• 不會「〜できない」

396 □□□
カノン
可能
kěnéng

形 可能だ
副 〜かもしれない

397 □□□
イディン
一定
yídìng

副 きっと，必ず

398 □□□
ダガイ
大概
dàgài

形 だいたい，おおよそ
副 たぶん，恐らく

399 □□□
ブシャオ
不少
bùshǎo

形 多い；少なくない

57

Wǒ kěyǐ zuò zhèlǐ ma
我 可以 坐 這 裡 嗎？

ここに座ってもいいですか。

▶ 坐 153「座る」 這裡 039「ここ」

Wǒ guòmǐn suǒyǐ bùnéng hē jiǔ
我 過 敏， 所以 不能 喝 酒。

私はアレルギーなので，お酒が飲めません。

▶ 過敏「アレルギー」 所以 034「だから」 喝 202「飲む」

Nǐ huì shuō yīngwén ma
你 會 說 英 文 嗎？

あなたは英語が話せますか。

▶ 說 085「話す」 英文「英語」

Lǎobǎn kěnéng bú tài xǐhuān tā
老 闆 可能 不 太 喜 歡 他。

社長は彼をあまり好きではないかもしれない。

▶ 老闆 249「社長」 不太 +《形容詞》424「あまり～ない」 他 005「彼」

Yídìng yào zài lái yí cì
一定 要 再 來 一 次。

必ずもう一度来ます。

▶ 要 390「～しなければならない」 再 +《動詞》+ 一次 483「もう１回～する」

Nǐ yì tiān dàgài gōngzuò jǐ ge xiǎoshí
你 一 天 大概 工 作 幾 個 小 時？

あなたは一日にだいたい何時間働いていますか。

▶ 工作 240「働く」 幾個小時 059「何時間」

Xǐhuān zhēnzhū nǎichá de rén bùshǎo
喜 歡 珍 珠 奶 茶 的 人 不少。

タピオカミルクティーが好きな人はたくさんいます。

▶ 喜歡 223「好きだ」 珍珠奶茶「タピオカミルクティー」

400 □
□
□
カシ
可是
kěshì

[接] しかし，だが

401 □
□
□
シンクイ
幸虧
xìngkuī

[副] 幸いにも，運よく

402 □
□
□
イゴン
一共
yígòng

[副] 全部で，合計で

403 □
□
□
ハン
和
hàn

[介] 〜と《比較・動作の対象》

404 □
□
□
ゲン
跟
gēn

[介] 〜と《人・物と比較して／一緒に》；
〜に（対して）《動作の対象》
▪ 跟〜一起「〜と一緒に」

405 □
□
□
イチー
一起
yìqǐ

[副] 一緒に
一起＋動詞＋吧「一緒に〜しましょう」

406 □
□
□
イヤン
一樣
yíyàng

[形] 同じだ；〜のようだ

132

58

Wǒ xiǎng mǎi xīn de diànshì kěshì méi qián
我ㄨˇ 想ㄒㄧˇ 買ㄇ䶵 新ㄒㄧ 的ㄉ䒦 電ㄉㄧㄢˋ 視ㄕˋ ，可ㄎ䑞是ㄕˋ 沒ㄇ䑞 錢ㄑㄧㄢˊ 。

新しいテレビを買いたいのですが，お金がありません。

▶ 想 388「〜したい」 電視 186「テレビ」 錢 356「お金」

Xìngkuī jīntiān méi xiàyǔ
幸ㄒㄧㄥˋ 虧ㄎㄨㄟ 今ㄐㄧㄣ 天ㄊㄧㄢ 沒ㄇ䑞 下ㄒㄧㄚˋ 雨ㄩˇ 。

今日は幸いにも雨が降らなくてよかったです。

▶ 今天 046「今日」 下雨 278「雨が降る」

Yígòng mǎi le sān shuāng wàzi
一ㄧˊ 共ㄍㄨㄥˋ 買ㄇ䶵 了ㄌ䒦 三ㄙㄢ 雙ㄕㄨㄤ 襪ㄨㄚˋ 子ㄗ˙ 。

靴下を合計3足買いました。

▶ 雙：「左右対称のペア」を数える時の量詞 襪子 367「靴下」

Zhāng xiānshēng hàn liú xiǎojiě shì tóngshì
張ㄓㄤ 先ㄒㄧㄢ 生ㄕㄥ 和ㄏ䲽 劉ㄌㄧㄡˊ 小ㄒㄧㄠˇ 姐ㄐㄧㄝˇ 是ㄕˋ 同ㄊㄨㄥˊ 事ㄕˋ 。

張さんと劉さんは同僚です。

▶ 先生 009「〜さん《男性》」 小姐 009「〜さん《女性》」 同事 247「同僚」

Wǒ xiǎng gēn nǐ shāngliáng yíxià
我ㄨˇ 想ㄒㄧㄥˇ 跟ㄍㄣ 你ㄋㄧˇ 商ㄕㄤ 量ㄌㄧㄤˋ 一ㄧˊ 下ㄒㄧㄚˋ 。

あなたにちょっと相談したいです。

▶ 商量「相談する」 一下 410「ちょっと」

Míngtiān yìqǐ qù kàn diànyǐng ba
明ㄇㄧㄥˊ 天ㄊㄧㄢ 一ㄧˊ 起ㄑㄧˇ 去ㄑㄩˋ 看ㄎㄢˋ 電ㄉㄧㄢˋ 影ㄧㄥˇ 吧ㄅㄚ 。

明日一緒に映画を観に行きましょう。

▶ 明天 045「明日」 去 +《動詞》093「〜（し）に行く」 電影 185「映画」

Táiběi de xiàtiān gēn dōngjīng yíyàng rè
台ㄊㄞˊ 北ㄅㄟˇ 的ㄉ䒦 夏ㄒㄧㄚˋ 天ㄊㄧㄢ 跟ㄍㄣ 東ㄉㄨㄥ 京ㄐㄧㄥ 一ㄧˊ 樣ㄧㄤˋ 熱ㄖㄜˋ 。

台北の夏は東京と同じくらい暑いです。

▶ 夏天 275「夏」 熱 437「暑い」

407 ☐☐☐
チャアブドゥオ
差イ 不ブ 多トゥオ
chābùduō

形 ほとんど
副 ほぼ同じだ
▪ 差ャ 點ディアン「ほとんど」

408 ☐☐☐
イディエン
一イ 點ディアン
yìdiǎn

数量 ちょっと，少し《動作量が少ない》
▪ 多ドゥオ ＋動詞＋一イ 點ディアン「もう少し～する」
▪ 動詞＋慢マン 一イ 點ディアン「ゆっくり～する」
▪ 動詞＋早ザオ 一イ 點ディアン「早く～する」

409 ☐☐☐
ヨウイディエン
有ヨウ 一イ 點ディアン
yǒuyìdiǎn

数量 ちょっと，少し《好ましくない
　　状態・性質》
▪ 有ヨウ（一イ）點ディアン＋形容詞「少し～」

410 ☐☐☐
イシァ
一イ 下シァ
yíxià

数量 ちょっと，少し《動作を行う時
　　間の程度が短い，軽い》
▪ 動詞＋一イ 下シァ「ちょっと～する」

411 ☐☐☐
ドンイシァ
等ダン 一イ 下シァ
děngyíxià

フレーズ あとで；ちょっと待って

412 ☐☐☐
ドゥオジゥ
多ドゥオ 久ジゥ
duōjiǔ

代 どれくらいの時間

413 ☐☐☐
マンマンライ
慢マン 慢マン 來ライ
mànmànlái

フレーズ ゆっくりして

59

Zhè liǎng jiā chāoshì de jiàgé chābùduō

這兩家超市的價格[差不多]。

この2軒のスーパーはほぼ同じ値段です。

▶ 超市 195「スーパー」 價格 473「値段」

Wǒ zhǐ huì shuō yìdiǎn Zhōngwén

我只會說[一點]中文。

私は中国語を少ししか話せません。

▶ 只 385「～だけ」 會 395「～できる」 中文「中国語」

Zhè jiàn yīfú yǒu yìdiǎn chòu

這件衣服[有一點]臭。

この服はちょっと臭いです。

▶ 衣服 365「服」 臭 226「臭い」

Kěyǐ bāng wǒ yíxià ma

可以幫我[一下]嗎?

ちょっと手伝ってくれませんか。

▶ 可以 393「～できる」 幫 175「手伝う」

Wǒ děng yíxià yào qù jiē xiǎohái

我[等一下]要去接小孩。

後で子どもを迎えにいかなければなりません。

▶ 要 390「～しなければならない《必要・義務》」 接 342「迎える」 小孩 010「子ども」

Cóng dōngjīng dào táiběi yào duōjiǔ

從東京到台北要[多久]?

東京から台北までどのくらいかかりますか。

▶ 從～到… 099「～から…まで」 要 390「要る」

Búyào jí mànmàn lái

不要急,[慢慢來]。

急がないで,ゆっくりして。

▶ 不要 391「～してはいけない」 急「急ぐ」

1回目	年 月 日 ／7	2回目	年 月 日 ／7	3回目	年 月 日 ／7	達成率 **82 %**

135

414
ゼンモバン

怎麼辦

zěnmebàn

フレーズ どうするか；どうしよう

415
ゼンモラ

怎麼了

zěnmele

フレーズ どうした

416
ルゥグオ

如果

rúguǒ

接 もし～ならば

417
ハイシ

還是

háishì

接 それとも《疑問文》

副 やはり

418
フオシ

或是

huòshì

接 もしくは, あるいは《平叙文》

419
ビエダ

別的

biéde

代 別の, 他の

420
アチエ

而且

érqiě

接 そのうえ, しかも

60

Nǐ dǎsuàn zěnmebàn ne
你打算 怎麼辦 呢？
どうするつもりですか。
▶ 打算 264「～するつもりだ」 呢 139：語気助詞《疑問》

Dào dǐ zěnme le
到底 怎麼了 ？
いったいどうしましたか。
▶ 到底「いったい」

Rúguǒ nǐ xiànzài méikòng wǒ děng yíxià zài lái
如果 你現在沒空，我等一下再來。
もし暇でなければ、またあとで来ます。
▶ 沒空 128「暇がない」 等一下 411「あとで」 再 483「また」

Wàidài háishì nèiyòng
外帶 還是 內用？
お持ち帰りですか、それとも店内でお召し上がりになりますか。
▶ 外帶 114「お持ち帰り」 內用 212「店内で飲食する」

Qǐng qiānmíng huòshì gàizhāng
請簽名 或是 蓋章 。
サインまたは押印をしてください。
▶ 簽名 355「サインする」 蓋章 355「押印する」

Yǒu biéde yánsè ma
有 別的 顏色嗎？
他の色はありますか。
▶ 有 127「～がある」 顏色 229「色」

Zhè zhī shǒujī bú guì érqiě pǐnzhí hěn hǎo
這支手機不貴， 而且 品質很好。
この携帯は値段が高くないし、その上品質もいいです。
▶ 手機 253「携帯」 貴 473「(値段が) 高い」 好 476「よい」

文法復習⑤　重ね型／台湾の祝日

　重ね型とは，動詞，形容詞，名詞，量詞，副詞などの単語を繰り返すことです。例えば，台湾人は子供と話す時によく単語を重ねて使用する傾向があります。日本の幼児語のワンワンやブーブーの使用方法と類似しています。ただし，品詞によって重ね型の意味は異なります。

動詞の重ね型

　動作・行為の動詞を繰り返すと「ちょっと〜する」という意味を表します。
日常的な動作に対して動詞の重ね型を用いると，気軽に「〜したり〜したり」という意味を表すこともできます。

　単音節動詞 A は「AA」に，2 音節動詞 AB は「ABAB」になります。

- **単音節**：我_{ウォ} 想_{シアン}想_{シアン}。（ちょっと考えます）
- **2音節**：休_{シウ}息_シ休_{シウ}息_シ吧_バ。（ちょっと休みましょう）

形容詞の重ね型

　本来の形容詞は性質を表すことに対して具体的な状態や状況を生き生きと描写し，状態も元の形容詞より意味が強くなるので，"很_{ヘン}""非_{フェイ}常_{チャン}"などの副詞を付けません。

　単音節形容詞 A は「AA」に，2 音節形容詞 AB は「AABB」と「ABAB」になります。

- **単音節**：熱_{ルー} ⇨ 熱_{ルー}熱_{ルー}的_ダ
- **2音節**：高_{ガオ}興_{シン} ⇨ 高_{ガオ}高_{ガオ}興_{シン}興_{シン}

　　　　　雪_{シュエ}白_{バイ} ⇨ 雪_{シュエ}白_{バイ}雪_{シュエ}白_{バイ}

名詞と量詞の重ね型

　名詞や量詞を重ねて用いることで，「全部，例外がない，100％」の意味を表します。

例 天天 都 很 幸福。（毎日幸せです）
tiāntiān dōu hěn xìngfú

人人 都 可以 参加。（誰もが参加できます）
rénrén dōu kěyǐ cānjiā

まとめて覚えよう—台湾の祝日

開國紀念日	Kāiguójìniànrì カイグオ ジニエンリー	中華民国開始記念日 （1月1日）
除夕	Chúxì チュウシー	大晦日 （旧暦12月31日）
春節	Chūnjié チュンジエ	旧正月 （旧暦1月1日）
二二八 和平紀念日	Èrèrbāhépíngjìniànrì アアバハピンジニエンリー	228平和記念日 （2月28日）
兒童節	Értóngjié アートンジエ	子供の日 （4月4日）
清明節	Qīngmíngjié チンミンジエ	お墓参りの日 （4月5日）
端午節	Duānwǔjié ドゥアンウージエ	端午の節句 （旧暦5月5日）
中秋節	Zhōngqiūjié ジョンチイウジエ	十五夜 （8月15日）
國慶日	Guóqìnrì グオチンリー	中華民国国慶日 （10月10日）

421
ヘン
很
hěn

副 とても
- 很 + 形容詞「とても~だ」

422
フェイチャン
非常
fēicháng

副 非常に

423
タイ
太
tài

副 ~すぎる, たいへん
- 太 + 形容詞 + 了「~すぎる」

424
ブタイ
不太
bútài

副 あまり~ない
- 不太 + 形容詞「あまり~ない」

425
チャンチャン
常常
chángcháng

副 よく, しばしば《口語》
- 常「よく, しばしば」

426
ゾンシ
總是
zǒngshì

副 いつも

427
イジ
一直
yìzhí

副 ずっと；まっすぐに

Tā hěn xǐhuān táiwān de lìshǐ
他 很 喜歡 台灣 的 歷史 。

彼は台湾の歴史がとても好きです。

▶ 他 005「彼」喜歡 223「好きだ」

Zhè ge bànfǎ fēicháng hǎo
這 個 辦法 非常 好 。

この方法は非常にいいです。

▶ 這個 039「この」辦法「方法」

Zuótiān kàn de diànyǐng tài wúliáo le
昨天 看 的 電影 太 無聊 了 。

昨日観た映画はとてもつまらなかったです。

▶ 昨天 046「昨日」看 183「観る」無聊 455「つまらない」

Bàba zuò de cài bútài hǎochī
爸爸 做 的 菜 不太 好吃 。

お父さんが作った料理はあまりおいしくありません。

▶ 做 302「作る」菜 208「料理」好吃 221「おいしい」

Wǒmen chángcháng fàng xué hòu qù keitivi
我們 常常 放 學 後 去 KTV 。

私たちはよく放課後カラオケに行きます。

▶ 我們 002「私たち」放學「放課後」KTV 189「カラオケ」

Tā zǒngshì zài wàimiàn chī fàn
他 總是 在 外面 吃 飯 。

彼はいつも外食をします。

▶ 外面 107「外」吃 201「食べる」

Zhè jǐ tiān yìzhí zài xiàxuě
這 幾 天 一直 在 下 雪 。

ここ数日ずっと雪が降っています。

▶ 這幾天「ここ数日」下雪 278「雪が降る」

| 1回目 | 年 月 日 /7 | 2回目 | 年 月 日 /7 | 3回目 | 年 月 日 /7 | 達成率 **85 %** |

428
ダ
大 <ruby>大<rt>ㄉㄚˋ</rt></ruby>
dà

[形] 大きい

429
シァオ
小 <ruby>小<rt>ㄒㄧㄠˇ</rt></ruby>
xiǎo

[形] 小さい

430
ジャン
長 <ruby>長<rt>ㄔㄤˊ</rt></ruby>
cháng

[形] 長い

431
ドゥアン
短 <ruby>短<rt>ㄉㄨㄢˇ</rt></ruby>
duǎn

[形] 短い

432
ガオ
高 <ruby>高<rt>ㄍㄠ</rt></ruby>
gāo

[形] 高い
▪ 個子 「背丈」

433
ディ
低 <ruby>低<rt>ㄉㄧ</rt></ruby>
dī

[形]《一般基準・温度・レベルなどの低さが》低い

434
アイ
矮 <ruby>矮<rt>ㄞˇ</rt></ruby>
ǎi

[形]《人・物の高さが》低い

62

Shēngyīn yuè lái yuè dà le
聲音 越來越 ［大］ 了 。

音はますます大きくなっています。

▶ 聲音 091「音」越來越 +《形容詞》「ますます～」

Zhè ge dàizi yǒu yìdiǎn xiǎo
這個 袋子 有 一點 ［小］ 。

この袋は少し小さいです。

▶ 這個 039「これ」有一點 +《形容詞》409「少し～だ」

tóufǎ tài cháng le
頭髮 太 ［長］ 了 。

髪が長すぎます。

▶ 頭髮「髪の毛」太 +《形容詞》+ 了 423「～すぎる」

Zhè tiáo yánchángxiàn hěn duǎn
這 條 延長線 很 ［短］ 。

この延長コードはとても短いです。

▶ 條：「細長いもの」を数える時の量詞　延長線「延長コード」

Yùshān shì táiwān zuì gāo de shān
玉山 是 台灣 最 ［高］ 的 山 。

玉山（ぎょくさん）は台湾で一番高い山です。

▶ 最 484「最も」

Tā búshì gāo niánjí shì dī niánjí
他 不是 高 年級 是 ［低］ 年級 。

彼は上級生ではなく，下級生です。

▶ 年級 067「～年生」

Tā de gèzi hěn ǎi
他 的 個子 很 ［矮］ 。

彼は背が低いです。

▶ 個子 432「背丈」很 421「とても」

| 1回目 | 年 月 日 ／7 | 2回目 | 年 月 日 ／7 | 3回目 | 年 月 日 ／7 | 達成率 86 % |

143

435 □ □ □
ホウ
厚<small>ㄏㄡˋ</small>
hòu

形 厚い

436 □ □ □
ボ
薄<small>ㄅㄛˊ</small>
bó

形 薄い

437 □ □ □
ルァ
熱<small>ㄖㄜˋ</small>
rè

形 暑い, 熱い
動 (食べ物を) 温める
▪ 濕<small>ア</small>熱<small>ㄖㄜˋ</small>「蒸し暑い」

438 □ □ □
ロン
冷<small>ㄌㄥˇ</small>
lěng

形 寒い, 冷たい
▪ 冷<small>ㄌㄥˇ</small>氣<small>ㄑ</small>「クーラー」

439 □ □ □
リァンクァイ
涼<small>ㄌㄧㄤˊ</small>**快**<small>ㄎㄨㄞˋ</small>
liánkuài

形 涼しい
動 涼む

440 □ □ □
ビン
冰<small>ㄅㄧㄥ</small>
bīng

名 氷
動 (氷・冷蔵庫で) 冷やす

441 □ □ □
ウェンヌァン
溫<small>ㄨㄣ</small>**暖**<small>ㄋㄨㄢˇ</small>
wēnnuǎn

形 暖かい, 温かい
動 暖まる

63

Zhè běn shū yǒu yìdiǎn hòu
這本書有一點 厚 。

この本はちょっと厚いです。

▶ 書 071「本」 有一點 +《形容詞》409「少し～だ」

Nà zhāng zhǐ tài bó le
那張紙太 薄 了 。

その紙は薄すぎます。

▶ 張：「平たいもの」を数える時の量詞　太 +《形容詞》+ 了 423「～すぎる」

Táiběi de xiàtiān hěn shīrè
台北的夏天很 濕熱 。

台北の夏はとても蒸し暑いです。

▶ 夏天 275「夏」 濕熱 437「蒸し暑い」

Wàimiàn lěng de bùdéliǎo
外面 冷 得不得了 。

外は寒くてたまりません。

▶ 外面 107「外」《形容詞》+ 得不得了「～でたまらない」

Jīntiān wǎnshàng yǒu fēng hěn liánkuài
今天晚上有風很 涼快 。

今夜は風があって涼しいです。

▶ 晚上 055「夜」 有 127「～がある」

Wǒ xiǎng hē bīng kāfēi
我想喝 冰 咖啡 。

アイスコーヒーを飲みたいです。

▶ 想 388「～したい」 喝 202「飲む」 咖啡 203「コーヒー」

Wǒ chūshēng zài yí ge wēnnuǎn de jiātíng
我出生在一個 溫暖 的家庭 。

私は温かい家庭に生まれました。

▶ 出生 310「生まれる」 的 140「～の (もの)」

442
ジョン
重
zhòng

形 重い
- 超重「重量オーバーする」
- 體重「体重」

443
チン
輕
qīng

形 軽い
- 年輕「若い」

444
ジン
緊
jǐn

形 きつい
動 締める

445
ソン
鬆
sōng

形 緩い
動 緩める

446
パン
胖
pàng

形 太っている
- 減肥「ダイエットする」

447
ショウ
瘦
shòu

形 やせている

448
ドゥオ
多
duō

形 多い
- 很多「たくさん」
- 多＋動詞「もっと～する」

Xínglǐxiāng tài zhòng le
行李箱 太 [重] 了。

スーツケースが重すぎます。

▶ 行李箱「スーツケース」太 +《形容詞》+ 了 423「～すぎる」

Tā de tǐzhòng bǐ wǒ qīng
她 的 體重 比 我 [輕]。

彼女の体重は私より軽いです。

▶ 她 005「彼女」體重 442「体重」A 比 +B+《形容詞》478「A は B より～だ」

Pídài yǒu yìdiǎn jǐn
皮帶 有 一點 [緊]。

ベルトが少しきついです。

▶ 皮帶「ベルト」有一點 +《形容詞》409「少し～だ」

Xiédài sōng le
鞋帶 [鬆] 了。

靴ひもが緩んでいます。

▶ 鞋帶 367「靴ひも」了 134：語気助詞《状態の変化》

Nǐ tài pàng le yīnggāi duō yùndòng
你 太 [胖] 了，應該 多 運動。

あなたは太りすぎているので，もっと運動すべきです。

▶ 應該「～すべきだ」多 +《動詞》448「もっと～する」

Shàng ge yuè wǒ shòu le sān gōngjin
上 個 月 我 [瘦] 了 三 公斤。

私は先月3キロやせました。

▶ 上個月 044「先月」公斤 237「キログラム」

Tā zài túshūguǎn jiè le hěn duō shū
她 在 圖書館 借 了 很 [多] 書。

彼女は図書館でたくさんの本を借りました。

▶ 圖書館 071「図書館」借「借りる」書 071「本」

| 1回目 | 年 月 日 / 7 | 2回目 | 年 月 日 / 7 | 3回目 | 年 月 日 / 7 | 達成率 89 % |

449
シャオ

少 ㄕㄠˇ
shǎo

形 少ない

450
ユェン

遠 ㄩㄢˇ
yuǎn

形 遠い

451
ジン

近 ㄐㄧㄣˋ
jìn

形 近い

452
ザオ

早 ㄗㄠˇ
zǎo

形 早い《時間》

453
ワン

晚 ㄨㄢˇ
wǎn

形 遅い《時間》

454
ハオワン

好 ㄏㄠˇ 玩 ㄨㄢˊ
hǎowán

形 (遊んだりして) 面白い

455
ウリァオ

無 ㄨˊ 聊 ㄌㄧㄠˊ
wúliáo

形 つまらない, くだらない

65

Nà jiā diàn hǎochī de cài hěn shǎo
那ㄋㄚˋ 家ㄐㄧㄚ 店ㄉㄧㄢˋ 好ㄏㄠˇ 吃ㄔ 的ㄉㄜ 菜ㄘㄞˋ 很ㄏㄣˇ 少ㄕㄠˇ 。

あの店はおいしい料理が少ないです。

▶ 家：「店舗」を数える時の量詞　好吃 **221**「おいしい」　菜 **208**「料理」

Zhèlǐ lí gōngsī hěn yuǎn
這ㄓㄜˋ 裡ㄌㄧˇ 離ㄌㄧˊ 公ㄍㄨㄥ 司ㄙ 很ㄏㄣˇ 遠ㄩㄢˇ 。

ここは会社から遠いです。

▶ 這裡 **039**「ここ」　離 +《場所》**099**「〜（の場所）から」　公司 **246**「会社」

Cóng nǐ jiā dào jīchǎng jìn ma
從ㄘㄨㄥˊ 你ㄋㄧˇ 家ㄐㄧㄚ 到ㄉㄠˋ 機ㄐㄧ 場ㄔㄤˇ 近ㄐㄧㄣˋ 嗎ㄇㄚ ？

あなたの家から空港まで近いですか。

▶ 從〜到… **099**「〜から…まで」　機場 **337**「空港」

Míngtiān qǐng zǎo yìdiǎn lái
明ㄇㄧㄥˊ 天ㄊㄧㄢ 請ㄑㄧㄥˇ 早ㄗㄠˇ 一ㄧ 點ㄉㄧㄢˇ 來ㄌㄞˊ 。

明日は早く来てください。

▶ 明天 **045**「明日」　請 **382**「どうぞ」　早一點 +《動詞》**409**「早く〜する」

Zuótiān gōngzuò dào hěn wǎn
昨ㄗㄨㄛˊ 天ㄊㄧㄢ 工ㄍㄨㄥ 作ㄗㄨㄛˋ 到ㄉㄠˋ 很ㄏㄣˇ 晚ㄨㄢˇ 。

昨日遅くまで働きました。

▶ 昨天 **046**「昨日」　工作 **240**「働く」　到 **100**「〜まで」

Zhè xiē wánjù hǎowán de bùdéliǎo
這ㄓㄜˋ 些ㄒㄧㄝ 玩ㄨㄢˊ 具ㄐㄩˋ 好ㄏㄠˇ 玩ㄨㄢˊ 得ㄉㄜ 不ㄅㄨˋ 得ㄉㄜ 了ㄌㄧㄠˇ 。

これらのおもちゃは面白くてたまりません。

▶ 這些「これら」　好玩 **454**「面白い」　《形容詞》+ 得不得了「〜でたまらない」

Gāngcái de bǐsài hěn wúliáo
剛ㄍㄤ 才ㄘㄞˊ 的ㄉㄜ 比ㄅㄧˇ 賽ㄙㄞˋ 很ㄏㄣˇ 無ㄨˊ 聊ㄌㄧㄠˊ 。

先ほどの試合はつまらなかったです。

▶ 剛才 **486**「先ほど」　比賽 **161**「試合」

1回目	年 月 日 ／7	2回目	年 月 日 ／7	3回目	年 月 日 ／7	達成率 90 %

149

456 ☐☐☐
カアイ
可爱
kěài

[形] 可愛い

457 ☐☐☐
ピァオリァン
漂亮
piàoliàng

[形] きれいだ；素敵だ

458 ☐☐☐
メイ
美
měi

[形] 美しい

459 ☐☐☐
シュアイ
帅
shuài

[形] かっこいい

460 ☐☐☐
チョウ
醜
chǒu

[形] 醜い；格好が悪い

461 ☐☐☐
プートン
普通
pǔtōng

[形] 普通だ

462 ☐☐☐
ウェンロウ
温柔
wēnróu

[形] 優しい

66

Nà zhī māo hǎo kě'ài a
那隻貓好[可愛]啊。
あの猫はとてもかわいいですね。

▶ 貓 377「猫」 啊 135：語気助詞《感嘆》

Jīnwǎn de yuèliàng hěn piàoliàng
今晚的月亮很[漂亮]。
今夜の月はとてもきれいです。

▶ 今晚 055「今夜」 月亮「月《天体》」

Qiūtiān de fēngjǐng zhēn měi
秋天的風景真[美]。
秋の風景は本当に美しいです。

▶ 秋天 276「秋」 真 384「本当に」

Tā yòu shuài yòu yōumò
他又[帥]又幽默。
彼はかっこよくてユーモアがあります。

▶ 又～又… 482「～でもあり…でもある」 幽默「ユーモアがある」

Zhè jiàn yīfú tài chǒu le
這件衣服太[醜]了。
この服はかっこ悪すぎます。

▶ 衣服 365「服」 太 +《形容詞》+ 了 423「～すぎる」

Wǒ juéde tā hěn pǔtōng
我覺得他很[普通]。
彼は普通の人だと思います。

▶ 覺得「～と思う」 他 005「彼」

Nǐ hǎo wēnróu a
你好[溫柔]啊。
あなたはとても優しいですね。

▶ 你 003「あなた」 好 476「とても～だ」

1回目	年 月 日 /7	2回目	年 月 日 /7	3回目	年 月 日 /7	達成率 92 %

463

フゥザ

複雜
fùzá

形 複雑だ

464

ファンビェン

方便
fāngbiàn

形 便利だ；都合がよい

465

ジェンダン

簡單
jiǎndān

形 簡単だ；単純だ

466

ガオシン

高興
gāoxìng

形 嬉しい
- **不高興**「不機嫌だ」

467

クァイラ

快樂
kuàilè

形 楽しい

468

シンフゥ

幸福
xìngfú

形 幸せだ
名 幸福

469

ユンチ

運氣
yùnqì

名 運
- **運氣不好**「運が悪い」
- **好運**「幸運」

67

Zhè ge wèntí hěn fùzá

這個問題很 複雜 。

この問題はとても複雑です。

▶ 這個 039「この」 很 421「とても」

Nǐ shénme shíhòu fāngbiàn ne

你什麼時候 方便 呢？

都合がよいのはいつですか。

▶ 什麼時候 031「いつ」 呢 139：語気助詞《疑問》

Zhǐ huì zuò jiǎndān de cài

只會做 簡單 的菜。

簡単な料理しか作れません。

▶ 只會 +《動詞》 385「～しかできない」 做 302「作る」

Tā kànqǐlái hěn gāoxìng

他看起來很 高興 。

彼はとても嬉しそうに見えます。

▶ 看起來 500「見たところ」

Xiǎng ràng dàjiā kuàilè

想讓大家 快樂 。

みなさんを楽しませたいです。

▶ 想 388「～したい」 讓 491「～させる」 大家 014「みんな」

Xiànzài de nǐ xìngfú ma

現在的你 幸福 嗎？

今のあなたは幸せですか。

▶ 現在 061「今」 嗎 137：語気助詞《疑問》

Tā yùnqì hǎo kǎoshàng le guólì dàxué

他 運氣 好考上了國立大學。

彼は運よく国立大学に受かりました。

▶ 好 476「よい」 考上 079「（試験に）受かる」 了 134：語気助詞《状況の発生》

1回目	年 月 日 ／7	2回目	年 月 日 ／7	3回目	年 月 日 ／7	達成率 93 %

153

470 □□□
ナングオ
難過
nánguò
形 悲しい；苦しい

471 □□□
シン
新
xīn
副 新たに
形 新しい

472 □□□
ジウ
舊
jiù
形 古い

473 □□□
グイ
貴
guì
形 (値段が) 高い
▪ 價格「値段」

474 □□□
ビェンイ
便宜
piányí
形 (値段が) 安い

475 □□□
ホアイ
壞
huài
形 悪い
動 壊れている

476 □□□
ハオ
好
hǎo
形 よい
副 とても〜だ
▪ 很愛「大好きだ」

68

Tā kàn qǐlái yǒu yìdiǎn nánguò
他看起來有一點[難過]。

彼は少し悲しそうに見えます。

▶ 有一點 +《形容詞》409「少し～だ」

Zhè shì nǐ xīn mǎi de píngbǎndiànnǎo ma
這是你[新]買的平板電腦嗎？

これはあなたが新しく買ったタブレットですか。

▶ 平板電腦 255「タブレット」 嗎 137：語気助詞《疑問》

Zhè shuāng xiézi tài jiù le
這雙鞋子太[舊]了。

この靴は古すぎます。

▶ 雙：「左右対称のペア」を数える量詞　太 +《形容詞》+ 了 423「～すぎる」

Rìběn de fángzū bǐ táiwān guì
日本的房租比台灣[貴]。

日本の家賃は台湾より高いです。

▶ 房租 282「家賃」 A 比 +B+《形容詞》478「A は B より～だ」

Zhè liàng mótuōchē bù piányí
這輛摩托車不[便宜]。

このバイクは安くないです。

▶ 輛：「乗り物」を数える時の量詞　摩托車 176「バイク」

Nàozhōng huài le suǒyǐ chídào le
鬧鐘[壞]了，所以遲到了。

目覚まし時計が壊れたから，遅刻しました。

▶ 鬧鐘「目覚まし時計」 所以 034「だから」 遲到 100「遅刻する」

Yǒu yí ge hǎo xiāoxi
有一個[好]消息。

よい知らせがあります。

▶ 有 127「～がある」 消息「知らせ」

1回目	年 月 日 ／7	2回目	年 月 日 ／7	3回目	年 月 日 ／7	達成率 **94 %**

477

クァイヤオ

快_{クァ}要_{ヤオ}

kuàiyào

副 もうすぐ
- 快_{クァ}要_{ヤオ}+動詞+了_カ「もうすぐ〜になる」

478

ビー

比_ビ

bǐ

介 〜より《程度の比較》
- A 比_ビB+形容詞「A は B より〜だ」

479

ビージャオ

比_ビ較_ジ

bǐjiào

副 比較的, 割と
動 比較する, 比べる
- 主語+比_ビ較_ジ+形容詞「〜は割と…だ」

480

ハイ

還_{ハイ}

hái

副 まだ；もっと；そのうえ
- 還_{ハイ}沒_メ+動詞「まだ〜していない」
- A 還_{ハイ}是_シB「A か B か」

481

ゲン

更_{ゲン}

gèng

副 さらに, もっと

482

ヨウ

又_{ヨウ}

yòu

副 また《過去》；それに加え
- 又_{ヨウ}〜又_{ヨウ}…「〜でもあり…でもある」

483

ザイ

再_{ザイ}

zài

副 また《未来》, 再び, もう一度
- 再_{ザイ}+動詞+一- 次_ツ「もう 1 回〜する」

69

電影 [快要] 開始 了 。
Diànyǐng kuàiyào kāishǐ le

映画はもうすぐ始まります。

▶ 電影 185「映画」 開始 062「始まる」

飛機 [比] 高鐵 快 。
Fēijī bǐ gāotiě kuài

飛行機は高速鉄道より速いです。

▶ 飛機 338「飛行機」 高鐵 182「高速鉄道」 快 172「速い」

今天 [比較] 冷 。
Jīntiān bǐjiào lěng

今日は割と寒いです。

▶ 冷 438「寒い」

我 [還] 沒 決定 。
Wǒ hái méi juédìng

まだ決めていません。

▶ 決定 266「決める」

今年 的 情況 比 去年 [更] 複雜 。
Jīnnián de qíngkuàng bǐ qùnián gèng fùzá

今年の状況は去年より更に難しいです。

▶ 情況「状況」 複雜 463「複雑」

為什麼 [又] 生氣 了 ？
Wèishénme yòu shēngqì le

なぜまた怒っているのですか。

▶ 為什麼 032「なぜ」 生氣「怒る」

[再] 寫 一 次 。
Zài xiě yí cì

もう1回書きます。

▶ 寫 086「書く」《数字》+次 232「〜回」

---

484 □ □ □
ズイ
最ア̌ㄨㄟ
zuì

[副] 最も, 一番
- **最**ア̌ㄨㄟ**愛**ㄞˋ「一番好きだ」

485 □ □ □
ガン
剛ㄍ̄ㄤ
gāng

[副] 〜したばかりだ

486 □ □ □
ガンツァイ
剛ㄍ̄ㄤ**才**ㄘㄞˊ
gāngcái

[名] 先ほど, たった今

487 □ □ □
ガンハオ
剛ㄍ̄ㄤ**好**ㄏㄠˇ
gānghǎo

[副] ちょうど, うまい具合に
[形] ちょうどよい, ぴったり

488 □ □ □
ティンシュオ
聽ㄊ̄ㄥ**說**ㄕㄨㄛ
tīngshuō

[動] 〜だそうだ, 〜だと聞いた
聞いたところによると〜

489 □ □ □
ツァイ
才ㄘㄞˊ
cái

[副] やっと；たった今；わずか
- 〜 **才**ㄘㄞˊ**是**ㄕˋ…「〜そこ…」

490 □ □ □
ジゥ
就ㄐㄧㄡˋ
jiù

[副] すぐに；とっくに；だけ
- 〜 **就**ㄐㄧㄡˋ**是**ㄕˋ…「〜すなわち…」
- 一-〜 **就**ㄐㄧㄡˋ…「〜したら, すぐに…」
- **馬**ㄇㄚˇ**上**ㄕㄤˋ「すぐに」

70

Nǐ zuì xǐhuān shénme yánsè

你³ 最 喜ᴸ 歡ᵍ 什ᵖ 麼ᵐ 顏ᵞ 色ˢ ?

どの色が一番好きですか。

▶ 喜歡 **223**「好きだ」 什麼 **030**「なに」 顏色 **229**「色」

Wǒ gāng kāishǐ xué zuò cài

我ˣ 剛 開ᵏ 始ˢ 學ᴸ 做ˣ 菜ᶜ 。

私は料理を習い始めたばかりです。

▶ 開始 +《動詞》 **062**「～し始める」 學 **090**「習う」 做 **302**「作る」

Nǐ gāngcái shuō le shénme

你³ 剛 才 說ˢ 了ᵗ 什ᵖ 麼ᵐ 。

先ほどは何とおっしゃいましたか。

▶ 說 **085**「言う」 了 **134**：語気助詞《動作の完了》

Zhè ge yuè gānghǎo sān shí suì le

這ᵗ 個ᵍ 月ᵞ 剛 好 三ˢ 十ˢ 歲ˢ 了ᵗ 。

今月ちょうど30歳になりました。

▶ 這個月 **044**「今月」 了 **134**：語気助詞《状態の変化》

Tīngshuō tā zhùyuàn le

聽ᵗ 說ˢ 他ᵗ 住ˣ 院ᵞ 了ᵗ 。

彼が入院していると聞きました。

▶ 住院 **327**「入院する」 了 **134**：語気助詞《状況の発生》

Xiànzài cái zhīdào

現ˣ 在ˣ 才 知ᶻ 道ᵈ 。

今やっと（それを）知りました。

▶ 現在 **061**「今」 知道 **125**「知る」

Yì huíjiā jiù chī wǎnfàn

一ⁱ 回ʰ 家ʲ 就 吃ᶜ 晚ʷ 飯ᶠ 。

家に帰ったらすぐに夕飯を食べます。

▶ 回家 **028**「帰宅する」 吃 **201**「食べる」 晚飯 **197**「夕飯」

491
ラン
讓_{ロォ}
ràng
動 〜させる；譲る

492
ベイ
被_{クヘ}
bèi
介 〜される

493
イエ
也_{ーゼ}
yě
副 〜も（〜する／〜だ）

494
ドウ
都_{クヌ}
dōu
副 全部, みんな

495
イージン
已_{ーヾ}經_{ㄐㄥ}
yǐjīng
副 すでに, もう

496
シェン
先_{ㄒㄢ}
xiān
副 まず, 先に

497
ランホウ
然_{ㄖㄢ}後_{ㄏㄡ}
ránhòu
接 それから
▪ 先_{ㄒㄢ}〜 然_{ㄖㄢ}後_{ㄏㄡ}… 「〜してから…」

71

Qǐng ràng wǒ kàn yíxià

請 [讓] 我 看 一 下 。

ちょっと見せてください。

▶ 請 382「どうぞ」 看 183「見る」《動詞》+ 一下 410「ちょっと〜する」

Tā bèi gǒu yǎo le

他 [被] 狗 咬 了 。

彼は犬に噛まれました。

▶ 他 005「彼」 狗 376「犬」 咬「噛む」

Nǐ jīntiān yě hěn piàoliàng

你 今 天 [也] 很 漂 亮 。

あなたは今日もとてもきれいです。

▶ 你 003「あなた」 也 493「〜も」 漂亮 457「きれいだ」

Wǒmen dōu xǐhuan chànggē

我 們 [都] 喜 歡 唱 歌 。

私たちはみんな歌うのが好きです。

▶ 我們 002「私たち」 喜歡 223「好きだ」 唱 187「歌う」

Bǐsài yǐjīng jiéshù le ma

比 賽 [已 經] 結 束 了 嗎 ？

試合はもう終わりましたか。

▶ 比賽 161「試合」 結束 063「終わる」 了嗎 134「〜しましたか」

Kěyǐ xiān chī ma

可 以 [先] 吃 嗎 ？

先に食べてもいいですか。

▶ 可以 393「〜できる」 吃 201「食べる」 嗎 137：語気助詞《疑問》

Xiān shēnqǐng qiānzhèng ránhòu mǎi jīpiào

先 申 請 簽 證 ，[然 後] 買 機 票 。

まずビザを申請して，それから航空券を買います。

▶ 簽證 341「査証」 機票 339「航空券」

498 □ □ □
カンダドン
看得懂
kàndedǒng

フレーズ 見てわかる，読んでわかる

499 □ □ □
ティンブドン
聽不懂
tīngbùdǒng

フレーズ 聞いてもわからない

500 □ □ □
カンチーライ
看起來
kànqǐlái

フレーズ 見たところ

501 □ □ □
チンチュウ
清楚
qīngchǔ

形 はっきりしている，明瞭だ
動 よく知っている

502 □ □ □
ハオシァン
好像
hǎoxiàng

副 〜のようだ，〜みたいだ
・好像〜 一樣「まるで〜のようだ」

503 □ □ □
ジュンベイ
準備
zhǔnbèi

動 準備する，用意する

504 □ □ □
シホウ
時候
shíhòu

動 時
・動詞・形容詞 + 的時候「〜な時」

162

72

Kàndedǒng bìkǎsuǒ de huà ma
[看得懂] 畢卡索的畫嗎?

ピカソの絵を見てわかりますか。

▶ 畢卡索「ピカソ」 畫 089「絵」 嗎 137：語気助詞《疑問》

Wǒ tīngbùdǒng tā zài shuō shénme
我 [聽不懂] 他在說什麼。

私は彼が何を言っているのかわかりません。

▶ 說 085「言う」 什麼 030「なに」

Tā kànqǐlái bù gāoxìng
他 [看起來] 不高興。

彼は機嫌が悪そうに見えます。

▶ 他 005「彼」 不高興 466「不機嫌だ」

Tài yuǎn le kàn bù qīngchǔ
太遠了，看不 [清楚] 。

遠すぎるので，はっきり見えません。

▶ 看 183「見る」 太 +《形容詞》+ 了 423「～すぎる」

Nǐmen hǎoxiàng qínglǚ yíyàng
你們 [好像] 情侶一樣。

あなたたちはまるでカップルのようです。

▶ 你們 004「あなたたち」 情侶「カップル」 一樣「同じである」

Wǒ zài zhǔnbèi kāihuì de zīliào
我在 [準備] 開會的資料。

会議の資料を準備しています。

▶ 在 092 +《動詞》「～ている」 開會 243「会議する」

Xiǎo shíhòu chángcháng mílù
小 [時候] 常常迷路。

子どもの頃はよく道に迷いました。

▶ 常常 425「よく」 迷路 162「道に迷う」

「有」と「在」の使い分け

【在】人／事物＋在＋場所　「～は～にいる（ある）」

Tā　zài　jiā　ma
例 他 在 家 嗎？（彼は家にいますか）

Nà　jiàn　yīfú　zài　búzài　xǐyījī　lǐ
那 件 衣-服 在 [不 在] 洗-衣-機 裡 。

（あの服は洗濯機の中にあります [ありません]）

　特定・既知の人や事物は "在" を使います。主語の前に（這 ＋ 量詞，那 ＋ 量詞）と（我 的 , 你 的 , 他 的 ）の代名詞がある場所は，"在" を使います。

【有】場所＋有＋人／事物　「～に～がいる（ある）」

Wàimiàn　yǒu　rén　ma
例 外-面 有 人 嗎？（外に人がいますか）

méiyǒu
外-面 有 [沒-有] 人 。（外に人がいます [いません]）

　不特定・未知の人や事物の存在は "有" を使います。

名詞を場所化する

　「洗濯機，机，テレビ」などの名詞は物であって場所ではないので "裡" "上" などの方位詞をつけて場所化することが必要です。

　「日本，台北，会社，学校」など国名・地名・場所性を持っている名詞は "裡" "上" などの方位詞をつけず，そのままで場所として使えます。

　「有」は存在文以外にも「所有」の意味もあります。

所有者＋有＋物／人　「～は～を持っている」

Wǒ　yǒu　hùzhào
例 我 有 護-照 。（彼はパスポートを持っています）

Tā　yǒu　liǎng　ge　hái　zi
她 有 兩 個 孩 子 。（彼女には２人の子どもがいます）

後天	hòutiān ホウティエン	明後日
明天	míngtiān ミンティエン	明日
今天	jīntiān ジンティエン	今日
昨天	zuótiān ズオティエン	昨日
前天	qiántiān チェンティエン	一昨日
下（個）星期	xià (ge) xīngqí シァ（ガ）シンチー	来週
這（個）星期	zhè (ge) xīngqí ザ（ガ）シンチー	今週
上（個）星期	shàng (ge) xīngqí シャン（ガ）シンチー	先週
下個月	xià ge yuè シァガユエ	来月
這個月	zhè ge yuè ザガユエ	今月
上個月	shàng ge yuè シャンガユエ	先月分
後年	hòunián ホウニェン	再来年
明年	míngnián ミンニェン	来年
今年	jīnnián ジンニェン	今年
去年	qùnián チュイニェン	去年
前年	qiánnián チェンニェン	一昨年

	国	人
台湾	台灣 Táiwān タイワン	台灣人 táiwānrén タイワンレン
日本	日本 Rìběn リーベン	日本人 rìběnrén リーベンレン
韓国	韓國 Hánguó ハングオ	韓國人 hánguórén ハングオレン
中国	中國 Zhōngguó ジョングオ	中國人 zhongguórén ジョングオレン
アメリカ	美國 Měiguó メイグオ	美國人 měiguórén メイグオレン
イギリス	英國 Yīngguó イングオ	英國人 yīngguórén イングオレン
フランス	法國 Fǎguó ファーグオ	法國人 fǎguórén ダーグオレン
ドイツ	德國 Déguó ダグオ	德國人 déguórén ダグオレン

言語	首都	通貨
華語	台北	新台幣
huáyǔ	Táiběi	xīntáibì
ホアユイ	タイベイ	シンタイビー
日語	東京	日元
rìyǔ	Dōngjīng	rìyuán
リーユイ	ドンジン	リーユエン
韓語	首爾	韓元
hányǔ	Shǒuěr	hányuán
ハンユイ	ショウアー	ハンユエン
漢語	北京	人民幣
hànyǔ	Běijīng	rénmínbì
ハンユイ	ベイジン	レンミンビー
英語	華盛頓	美元
yīngyǔ	Huáshèngdù	měiyuán
インユイ	ホアションドゥン	メイユエン
英語	倫敦	英鎊
yīngyǔ	Lúndūn	yīngbang
インユイ	ルンドゥン	インバン
法語	巴黎	歐元
fǎyǔ	Bālí	ōuyuán
ドォーユイ	バーリン	オウユエン
德語	柏林	歐元
déyǔ	Bólín	ōuyuán
ダユイ	ボーリン	オウユエン

見出し語索引

3Q台湾華語学院 学院長

潘凱翔（ハン・イースン）

　台北市出身。大学時代は上海に4年間留学し，上海大学を卒業（広告学専攻）。日本語能力試験1級取得。台湾華語，中国語の講師として都内の中国語学院に数年間勤めた後，現在は3Q台湾華語学院の学院長に就任。著書に『日常台湾華語会話ネイティブ表現（語研）』『単語でカンタン！旅行台湾語会話』（Jリサーチ出版）がある。

　3Q台湾華語学院 https://www.3q-taiwan.com/

© Eason Pan, 2023, Printed in Japan

**1か月で復習する
台湾華語 基本の500単語**

2023年7月25日　　　初版第1刷発行

著　　者　潘凱翔
制　　作　ツディブックス株式会社
発 行 者　田中 稔
発 行 所　株式会社 語研
　　　　　〒101-0064
　　　　　東京都千代田区神田猿楽町2-7-17
　　　　　電　話　03-3291-3986
　　　　　ファクス　03-3291-6749
　　　　　振替口座　00140-9-66728
組　　版　ツディブックス株式会社
印刷・製本　シナノ書籍印刷株式会社

ISBN978-4-87615-395-4 C0087
書名　イッカゲツデフクシュウスル タイワンカゴ キホンノ ゴヒャクタンゴ
著者　ハン・イースン

株式会社 語研
語研ホームページ https://www.goken-net.co.jp/

本書の感想は
スマホから↓